だれも「おかしい」と言わない

小学校〈超管理教育〉の実態

平山裕人

寿郎社

はじめに

日々「学力学力」と追い立てられ、テストの点数を上げることだけが求められる小学校の教育現場。教員も親も「何かが変だ」と思いながらも「何がどう変なのか」がわからないまま親は子どもを学校に通わせ、教員は上からの指示に従って一元的に子どもたちを管理・指導させられます。

そこに本来の教育はありません。現在の小学校はまるで規格（学力）の揃ったモノを作る工場のようです。

管理されているのは子どもたちばかりではありません。本書で述べていくように教員もまた上から管理・指導され、学力競争のための歯車の一つになることを求められます。それはもはや「管理教育」という言葉で表されるものではありません。「〝超〟管理教育」とでも言うべきものです。

そんな「超管理教育」の現場で今、小学校教員たちはみんな疲弊しきっています。うつ病などの心の病にかかる教員もいて、休職した後そのまま辞めてしまう人も多いのです。しかし減った教員の代わりはなかなか補充されず、現場の負担は増すばかりです。教員のなり手自体も減っています。

どうしてこんなことになってしまったのか？　一九八〇年代以降の「ゆとりの学び」を受けてきた現在三〇～四〇代の親や教員、またそれを教えてきたベテランの教員たちは今、みんなそう思っているはずです。なぜこんなにも学力競争に明け暮れるだけのガチガチの教育現場になってしまったのかと——。

かつての教育現場には子どもたちの個性を伸ばし、次世代の平和と民主主義の担い手を育てるのだという理想とロマンがありました。そのためにどんな教材を使って何をどう教えるべきなのかを一人ひとりの教員が自ら考えていくことができました。差別のない、より良い学級をどう作っていけばよいのかを教員同士が語り合い、親を交えて一緒に考え、実践していくことができました。

ところが気づいてみれば、この二〇年のうちに「超管理教育」の体系がガッチリと出来上がっていて、それを内部から変えることはもはやだれにもできない状況になっています。多くの教員が〝お上〟にたてつくことの許されないブラックな教育現場にさまざまな疑問を持ちながらも、ぎりぎりの状況で踏みとどまり、自分を騙しながら意に反する仕事を続けている——というのが実情でしょう。そこには教員の人権も、子どもたちの可能性を広げようとする教育の理想もロマンもありません。上意下達の管理・指導に支配された「工場」のような小学校には今、社会の矛盾が渦巻き、「学力上げろ」という〝天の声〟だけがむなしく響き渡っているのです。

本書は、大学卒業後の一九八一年から定年を迎えた二〇一九年までの三八年間、肩書も役職もない〝平教員〟として北海道で数カ所の小学校に勤務してきた私が、もの言えぬ現役の教員たちになりかわり、過去四〇年間の小学校教育のあり方を振り返りながら、この二〇年のうちにいっそう進んだ自民党政権下――ことに安倍政権下――での「超管理教育」の実態を世に知らしめるために書いたものです。

小学生の子どもを持つお父さん・お母さん、釈然としないまま小・中・高校を卒業して社会に出た若者たち、そして心が折れそうになりながらも教育現場に踏みとどまり頑張っている小学校教員の仲間たちに読んでいただき、一緒に「教育とは何か」「なぜ教育は必要なのか」について考えていただければと思います。

目次

第二章　知られざる小学校の行事と驚きの教育内容

第一章　四〇年で小学校教育はこんなに変わった

戦後の教育はどのように行われてきたか――。一九七〇年以降約四〇年の学校教育のあり方をまずは駆け足で見ていくことにします。

一、〈七五三教育〉の時代

「落ちこぼし」が社会問題に

一九六〇年代から七〇年代前半にかけて、日本は高度経済成長の時代でした。家庭にはテレビ・掃除機・洗濯機・電話が当たり前のように置かれるようになり、みな少しずつ〝豊か〟になりました。そうした経済成長を支えていたのは地方の農業や水産業、都市の工業でした。日本中の街に活気がありました。

この時代の教育は〈七五三教育〉と言われた〝詰め込み教育〟です。安価な教育費で経済成長を支える大人数の働き手（労働者）を作るための画一的な一斉授業が行われました。

その結果、国の示した教育内容を、

・七割の子どもしか理解できない小学生
・五割の子どもしか理解できない中学生
・三割の子どもしか理解できない高校生

という状況が生まれました。これを〈七五三教育〉と言います。

当時は子どもの数が多いので高校が足りずに〝高校全入〟が訴えられました。また大学受験も過熱化して〈受験戦争〉という言葉が生まれ、〝一流〟大学をめざす受験生の間では〈四当五落〉という言葉が流行りました。〈四当五落〉というのは「四時間しか寝ないで勉強したら合格。五時間以上寝たら不合格」という意味です。

こうした〈七五三教育〉は多くの〝落ちこぼれ〟を生み出すことになり社会問題化しました。ただし「落ちこぼれ」たのは子どものせいではありません。教育政策の結果、そうなったのです。ですから数学者の遠山啓は「落ちこぼし」だと言いました。私もその言い方を使っています。**一九六八年に改正された学習指導要領***の時代はそれが最も顕著でした。

文部省の方向転換

教育政策は通常、国（当時は文部省。現在は文部科学省＝文科省）が「学習指導要領」を定め、それに沿って学習指導を行うよう教育委員会が学校に言ってきます。同時に学習指導要領に合わせて作られた教科書が、文部省の教科書検定を経て子どもたちに降ろされていきます。学習指導要領は一〇年に一度くらいの周期で変えられ、その都度新たな教育政策が打ち出されます。

〈落ちこぼし〉が社会問題となった一九六〇〜七〇年代前半、文部省は〈詰め込み教育〉＝〈七五三教育〉からゆとりのある教育へと方向転換を考えるようになります。

「教育の自由」をめぐる攻防

この頃、文部省は**「教頭」を法制化***し、続いて新たに**「教務主任」や「学年主任」などの中間管理職を制度化***して上意下達の教育制度を作ろうとします。しかし教育現場の教員たちからの猛反発を受けてその制度は形骸化しました。この時代の教育現場には文部省の目論見を跳ねのける力がありました。

また教育現場では、学習指導要領や教科書の問題点を分析し、問題があれば上から降りてくる学習指導要領や教科書を批判し、自分たちがより良いと思える教材(自主教材)を作って授業に使いました。教育の専門家たちも文部省の示す教科書よりずっと系統的で子どもに理解しやすい指導理論を打ち出していました。**遠山啓の算数・数学理論(水道方式*)**、**板倉聖宣の理科理論(仮説実験授業*)**、**西郷竹彦の日本語教育理論(文芸研*)**などです。それらは現在でも有効で、この時代に作られたそうした指導理論は、日本の教育の宝と言えましょう。子どもの数が多かったこの時代は、一クラス四〇人以上の大人数の学級での〈詰め込み教育〉ではあったものの、教育現場ではそれぞれの教員が探した指導方法や教材を用いて一人ひとりの子どもたちを大切にする教育が行われていました。

一九九〇年代まで——つまり二〇世紀が終焉するまでは、日本の教育現場は、一部例外的な地域はあるものの〈教育の自由〉が〝謳歌〟できた時代だと言ってよいでしょう。

〈教育の自由〉をめぐって、その頃の日本の教育現場には二つの約束事がありました。それによって現場の教育環境が守られていたのです。

一つは、教育委員会に属する「**指導主事***」は、教育現場からの要請がないかぎり学校には来られないというものです。教育委員会は国が定めた教育政策を学校に伝達・指示・命令する組織です。その伝達・指示・命令に従わない学校には圧力をかけることを義務付けられています。しかし当時の教育委員会にはそうした動きはあまりありませんでした。ただ、いつでもそういう組織になる可能性をはらんではいました。そういう組織である教育委員会の「指導主事」に対して「学校から来てくれという要請がないかぎり来てはならない」という制限を設けていたことが、学校の自治や教育環境を守るためにどれほど大事なことだったかわかりません。

ちなみに学校の教育現場から見た指導主事は「スーツを着て丁寧な言葉を使いながらお上の意志を強制させる人」というものです。膨大な業務を扱っていてすさまじい労働環境にあるとも聞きますが、現場の教員は校長や教頭を通じてしか彼らとは接することができないのでその内実はよくわかりません。

もう一つの約束事は、「学校の教育内容は（教育委員会の圧力なしに）それぞれの学校が決める」という原則です。専門用語で「教育課程の編成権」と言います。教員が教科書の流れを見ながら、それを批判的に捉えて教えたり、一部修正しながら教えたり、より良い教材があれば教科書ではなくそれを取り入れて教えたりして、現場の教員たちが子どもにとってより良い教育課程を作ることができたのです。

この二つの約束事があったため、教育行政は**一九四七年の教育基本法（四七教育基本法）**＊――「教育の目的を遂行するに必要な諸条件の整備確立」（第一〇条）に限定された仕事しか認められていませんでした。一九六〇年代から九〇年代まで、そうした原則を国や教育委員会に守らせていたのは、政党的には当時の社会党や共産党といった野党であり、組織的には**日本教職員組合（日教組）**＊でした。

自民党をはじめとする当時の保守勢力は、国策教育が進まないそのような状況に苛立ち、日教組を目の敵にして、一九九〇年代以降も教育現場にすさまじい圧力をかけ続けました。それが〝功を奏した〟と言うべきなのか、今では保守勢力に対抗する野党勢力の力は弱まり、教職員組合の組織率も非常に落ちて、学校の自治や教育の自由はもはやありません。教職員組合の組織率の低下の原因の一つは若者が加入しなくなったことですが、ここではこれ以上その問題には触れません。

校長の管理強化

小学校教育とは、校長を中心にして教員たちの意見を聞きながら進めるものだと多くの人が思っているでしょう。しかし、現実にはそうではありません。校長ができることはごく限られていて、教員みんなの意見を聞くような校長は実は少数派なのです。

そもそも校長という職位は、教育委員会の〝操り人形〟となることを求められています。それに反すると、校長は教育委員会から締めつけられ冷遇されます。そのため校長が校内で指導力（強制力）を発揮するのは、教育委員会に命令され、教育現場に無理を通さなくてはならなくなった場面でのことがほとんどです。

二〇〇〇年代、教育委員会から命令を受けた校長がその命令を現場にスムーズに行き渡らせるために学内の組織が変えられました。

一般教員をさまざまな「部」に分け、その部ごとに「部長」となる教員を置き、さらには各部を取りまとめる「総部長（教務主任）」を置いたのです。校長→教頭→総部長（教務主任）→各部長→一般の教員というピラミッド型の仕組みです。そうなれば教育委員会の命令はまたたく間に学校全体に流れていきます。教職員間は対等ではなく、命令するものと命令されるものという関係になります。職員会議は、教員みんなで議論してより良いものを作っていこうとする場ではなく、「上」で決めたことを通達する場になってしまいます。また、教育委員会から見て「指導力のある（覚えのめでたい）校長」とは、教育現場の声を無視して上意下達を貫徹する人ということになります。

一九九〇年代までの教育現場は、こうした流れを拒否していました。「四七教育基本法」に基づき、職員会議は年配の教員も若い教員も「子どもたちを育む」という一点で対等に議論し、より良い結論を導き出そうとしました。〈教育の自由〉を守り、文部科学省（文科省）→教育委員会の命令が何の議論もないままストレートに教育現場に降りてくることを拒否していました。しかしそうした仕組みは二〇〇〇年代以降、壊されていきます。

二、〈ゆとり教育〉の時代

〈学校五日制〉と〈新しい学力〉の開始

二〇〇二年度から〈学校五日制〉が始まりました。

それまでは、月二回の土曜日休みだったのが、すべての土曜日が休みになりました。土曜日は地域や家庭に子どもを返し、ゆったりと過ごすということにしたのです。文科省は、子どもたちが土曜日に塾に行って〝学力競争〟を助長させることになったり、中学生が土曜日を〝部活の日〟にして練習漬けになることのないようにすると言いました。そこで各市町村の教育委員会は公立の科学館や博物館で土曜日に子どもたちが学校では体験できない「学び」のためのイベントを企画したりしました。

この学校五日制に伴い、小学校の授業時間が減りました。たとえば六年生はそれまで週二九時間の授業だったのが週二七時間になりました。その二七時間のうちに〝自ら調べ、自ら学ぶ〟という「総合的学習の時間」を三時間入れたので、それまでの学びは週二四時間になりました。

文科省は、休みが週一日増えた分、単に授業時間を減らしたということではなく、それまでの知識の詰め込みを改めるという方針を打ち出しました。授業で教えるのは基礎的なことだけにしてあとは自分で調べていけるようにする――それを〈新しい学力〉（＝ゆとり教育）としたのです。

要は〈詰め込み教育〉で得た知識はその知識が古いものになってしまえば必要なくなるのだから習得する知識は基礎的なものだけにして、あとは自分で調べていけるようにすることが大事だと言うのです。

たしかにそれは一理あり、私が中学生だった一九七〇年代前半に覚えた中学校の地理を振り返ってみてもそう思えます。当時、社会科は暗記科目と呼ばれ、ソ連のコンビナート名や日本の炭田名、ＥＥＣ六カ国の名前などを必死に覚えました。しかし今となってはすべてどうでもいい知識です。世界情勢が変わり日本の産業構造も変わったからです。

〈新しい学力〉の問題点と右往左往する文科省

〈新しい学力〉では、基礎的な知識を学んだ後は自ら興味・関心のあるさまざまなことを調べていくことができるようになることから「一生学ぶことにつながる」（＝生涯学習）と文科省は言いました。しかしこの教育政策は、初めに二〇〇二年度の〈学校五日制〉ありきの施策で、生煮えのまま見切り発車してしまったように思えます。

たとえば〈新しい学力〉の小学校三・四年生の社会科では、自分の住む都道府県から二、三の地域を選んで調べるという学習が導入されました。しかし北海道（八万三四五五平方キロメートル）と香川県（三四五五平方キロメートル）を同じように扱っていいのでしょうか。北海道は香川県の二七倍もあるのです。都道府県を一律に扱うのも問題だし、自分の住む都道府県の二、三の地域を調べただけで一体何がわかるのかという問題もあります。

同様のことは中学校の地理にも言えます。世界の二、三の国を学べばよいと言うのです。世界中の国の中からどこでもいい、たった二、三カ国です。二〇〇カ国教えろとは言いませんが、少なくとも日本と歴史的に関係の深い東アジアの国々や代表的な〝先進〟資本主義国、イスラム圏の国や発展途上国など、社会的な視点を持ったうえで世界の国について調べるべきでしょう。

そうした基礎的な知識、基礎的な認識をすべて抜いてしまって〝調べ方学習〟にしてしまったのが〈新しい学力〉＝〈ゆとり教育〉なのです。

戦後の教員たちには一貫して上意下達ではない本当の教育を行いたいという気持ちがあり、子どもたちに何を教えるべきなのか、その教科では何をめざすべきなのか、教材に問題はないのか、といった分析を継続して行ってきました。そのため〈新しい学力〉の学習指導要領の問題点も導入直後から見抜いていました。

たとえば国語の漢字。学習指導要領では、

「書けなくてもいい。読めるだけでいい」

と言うのです。しかしこれはやはりおかしいでしょう。文字を書けなくては生活のさまざまな場面で困ります。教育現場から言えば、漢字をただ読めるようにすることよりもその前にしなくてはならないことがあります。それは小学校六年間で一〇〇〇字も学ぶことを改めるということです。

学ぶ漢字をもっと精選するべきなのです。また、漢字を学ぶ学年の順番も見直しが必要です。たとえば「豆」という漢字は三年生で習うのですが、「まめ偏」の「頭」という漢字は二年生で習うのです。「館」という漢字は三年生で習い、「官」という漢字は四年生で習います。そうした系統性も何もない漢字学習の順番を見直すことが先決だと思います。

〈新しい学力〉の理科はこうです。

「月の満ち欠けは、三日月・半月・満月を教えるだけでいい」

理科は暗記科目ではありません。毎日、月を観察し、その満ち欠けの様子が何によるものか考え、理解させることが大切なのに、三つの形を覚えさせるだけでよいとは、いったいどういう考え方なのでしょう。自然科学の意味が何もわかっていないのです。

算数では、

「小数第二位まで教えればいい」

となります。なんでも数は「小数第二位」まで。その結果、円周＝直径×三・一四という計算が教科書から削除されてしまいました。たとえば直径が一・一メートルだったとしたら、一・一×三・一四

＝三・四五四メートルになってしまうからです。しかしこの計算法は教科書から削除するほど難しいものではありませんでした。むしろ 教育現場で子どもたちが「難しい」と言っていた学習は、一〜三年生で習う「時計」、四年生で習う「分度器」、五年生で習う「割合」についてでした。

また、教育現場ではあまりその必要性を感じない「そろばん」が〈新しい学力〉の教科書には残っていました。

このような問題点が〈新しい学力〉の学習指導要領にはいくつもありました。しかし国は教育現場の声をいっさい聞くことなく、穴だらけの〈ゆとり教育〉を〈学校五日制〉とともに進めてしまったのです。

〈新しい学力〉の理念には私も賛同できる部分はあります。しかしその土台（基礎）となる部分には前述のように多くの疑問がありました。

そのため〈新しい学力〉はたちまち各方面からその〝弱点〟を突かれ、「子どもたちの学力が低下する」という批判を浴びるようになります。土台の部分で確たる理論を持ち合わせていなかった文科省は、そうした批判に対して右往左往するばかりです。そして懸念される学力低下への対症療法として、「宿題を出せ」「放課後残して教えろ」と教育現場に言うようになりました。

こうした流れは現代まで続いています。宿題を出し学校に居残りさせて勉強させる学校が〝良い学校〟、それをする教員が〝熱心で良い先生〟と言うわけです。国の、あるいは教育委員会の「学力」も知れたものだと言わざるをえません。

〈ゆとり教育〉を進めた有識者の本音

さまざまな問題がありながらも二〇〇〇年代の〈ゆとり教育〉の時代は、今の――二〇一九年現在の――〈学力競争〉の時代よりもずっと良かったと私は思っています。〈ゆとり教育〉は、一九六〇年代以降続いてきた知識をひたすら暗記させられる〈詰め込み教育〉やテストの点数（偏差値）で振り分けられる〈偏差値輪切り教育〉への反省から生まれました。日本の公教育もずいぶん自由な教育ができるようになったものだと当時の私は思いました。

何よりも、国の定めたこうした〈ゆとり教育〉を教育現場が自由に批判することができました。〈ゆとり教育〉の〝弱点〟を見抜いて、より良い教育を模索する自由がその頃の教育現場にはあったのです。硬直化した現在の〈学力競争〉の教育現場とはまったく違っていました。ただ、多くの日本国民が、そして教育関係者が、当時も今も、その〝自由な教育〟の意義をどれだけ理解していたかは疑問です。

ところで〈ゆとり教育〉は、本当に子どもたちのことを考えて国が推進したものでしょうか。ここで〈ゆとり教育〉を推進した教育審議会や小渕恵三首相の私的諮問機関（**教育改革国民会議***）の「有識者」の言葉（本音）を見ておきましょう。教育改革国民会議こそ、道徳教育や奉仕活動を提言し、安倍晋三内閣による四七教育基本法改悪の露払いを務めました。国の教育を審議する有識者のほとんどは大企業の経営者や学者・作家・スポーツ選手といった〝成功者〟で、子どもにもっとも近いはずの現場の教員は当初いません。そんな有識者二人の言葉を紹介します。

〈学力低下は予測し得る不安と言うか（……）、いや、逆に平均学力が下がらないようでは、これからの日本はどうにもならんということです。つまり、できんものはできんままで結構。戦後五〇年、落ちこぼれの底辺を上げることにばかり注いできた労力を、できる者を限りなく伸ばすことに振り向ける。一〇〇人に一人でいい、やがて彼らが国を引っ張っていきます。限りなくできない非才、無才には、せめて実直な精神だけを養っておいてもらえばいいんです〉

〈人間の遺伝子情報が解析され、持って生まれた能力がわかる時代になってきました。これからの教育では、そのことを認めるかどうかが大切になってくる。

（……）ある種の能力の備わっていない者がいくらやってもねえ。いずれは就学時に遺伝子検査を行い、それぞれの子どもの遺伝子情報に見合った教育をしていく形になっていきますよ〉

前の発言者は国の教育審議会長・三浦朱門氏（作家）。後の発言者は教育改革国民会議の座長・江崎玲於奈氏（科学者、ノーベル賞受賞者）です。言っていることはまるでナチスの優生思想です。二〇一九年現在の教育政策は、こういう露骨な言葉こそ使っていませんが、まさにこのようなものになっていると言えます。〈ゆとり教育〉の時代から現在に至る〝選別教育〟のレールが、一九九〇年代に敷かれていたということです。

三、「日の丸・君が代」論争について

「日の丸・君が代」強制の本格化

一九九〇年代から二〇〇〇年代の教育界を見るとき、どうしても避けて通れないことがあります。

「日の丸・君が代」論争*です。

「日の丸・君が代」論争とは、入学式や卒業式などの学校行事で、国（文部省〔現文科省〕）や教育委員会、校長などの管理職が「日の丸」（国旗）をステージに掲揚させ、「君が代」（国歌）を起立して斉唱することを教育現場に求めてきたことに対して、現場の教員たちや一部の国民がそれに強く反対し、多くの学校で「日の丸・君が代」を強制させない――行事に導入されても「日の丸」に拝礼しないこと、「君が代」を立って歌わないことを容認する――ようにしてきたという〝国と教育現場との闘い（論争）〟です。

この論争は一九九九年に国が強引に決着させましたが、その結果、教育現場がどうなったかについてきちんと分析しておかなければならないでしょう。

「日の丸」と「君が代」の教育現場への強制が本格的になるのは一九九〇年頃からです。歴史学習において、文部省（当時）の小学校社会科指導書から**天草四郎***・**大塩平八郎***・**田中正造***・**与謝野晶子***の記述が削られ、日露戦争で日本海海戦を勝利に導いたとされる**東郷平八郎***の記述が加えられたのと機を同じくしています。削られた歴史上の人物たちはいずれもその時代の〝お上〟に抵抗した人々です。

それ以降、教育現場では、入学式や卒業式に「日の丸」を掲げ「君が代」を歌うかどうかを、年中行事のように、教員たちと、教育委員会の意を受けた校長との間で議論され、学校ごとに掲揚や斉唱が決められていました。

一九九九年二月、広島県の高校の校長が、卒業式の国旗・国歌はやめてほしいという教員の要望と、必ず実施せよという教育委員会の板挟みになって、卒業式の前日に**自殺***しました。何とも痛ましい事件です。この事件の後、国会で「**国旗・国歌法***」が成立しました（一九九九年八月公布）。国は国会答弁で「子どもたちには強制はしない」と言いましたが、その言葉はすぐに反故にされ、事実上、学校行事での日の丸掲揚・君が代斉唱が強制されました。狂おしいまでの〝教育の上意下達化〟の時代の始まりです。

「日の丸・君が代」論争はなにが問題だったのか

では「日の丸・君が代」論争ではいったい何が問題だったのか――。

一般に「日の丸・君が代」について次のような声をよく聞きます。

・「自分の国の国旗と国歌だもの、掲揚して当たり前、歌って当たり前ではないか」

・「サッカーでも相撲でもオリンピックでも普通に歌われているではないか。学校だけがなぜいけないのか」

・「たった四五秒間だけなのだから立って歌ってもたいしたことはないではないか」

それに対して、教育現場で教員たちがその掲揚・斉唱に反対するのには、大きく分けて二つの理由がありました。

一つは「日の丸・君が代」の掲揚・斉唱が〝価値観の強要〟になるという理由です。

教育は、「2＋2＝4」、「地球は太陽の周りを回っている」といったように、「真理」を子どもたちに教えます。そうした真理に基づき、国語では子どもたちの言語感覚を広げ、算数では数や量の概念を理解させ、社会科では社会認識を、理科では自然認識を深めさせます。さらに、社会のありようをそのまま受け入れるのではなく、批判的な視点も必要であることを理解させ、憲法で保障された〈主権者〉の一人としてより良い社会を創っていくことのできる人間となるように教育していきます。国民一人ひとりが〈主権者〉であること――このことこそ公教育で認識させる教育の要諦なのです。しかし「日の丸」に拝礼し、〝天皇の国よ、永遠に！〟という歌詞の「君が代」を歌わなければならないということは、「国民一人ひとりが主権者であること」と真っ向から対立します。〝主権者である国民一人ひとりの意思に基づく価値観〟ではなく〝国家が強要する価値観〟を無条件で受け入れることになるからです。

もう一つの理由は、日本という国がその責任をうやむやにしてきたアジア・太平洋戦争における他国への侵略のシンボルが「日の丸・君が代」であったということです。

日本は戦時中、アジア・太平洋地域の国々――特にアジアの近隣諸国――を一方的に侵略しました。その象徴が「日の丸・君が代」でした。一九四五年の敗戦後、アジア・太平洋地域の国々に対してきちんと謝罪していればよかったのですが、日本はそうせずに責任を曖昧にしてきました。そのため特にアジアの近隣諸国は今も「日の丸・君が代」を侵略のシンボルと見なし、強い抵抗感を持っています。日本と同盟を組み、第二次世界大戦を起こしたドイツとイタリアは戦後国旗を変えていますが、日本はそのままなので、アジアの近隣諸国からすれば日本は侵略を反省していないのかと見られているのです。

戦後日本の教育は、戦前・戦中の日本の価値観（軍国主義）を否定するところから始まりました。ですから今も軍国主義のシンボルと見られている「日の丸・君が代」を無条件に子どもたちに受け入れさせることはできないのです。

戦後教育のあり方をめぐるせめぎあい

　このように「日の丸・君が代」には、アジア・太平洋戦争の遂行に利用されたという過去があって、それゆえに教育現場の教員でなくとも「日の丸」を嫌い「君が代」で起立したくないと思う人がいます。しかし大多数の国民にとっては〈日の丸＝国旗〉〈君が代＝国歌〉という認識でしょう。「日の丸掲揚」にも「君が代斉唱」にも抵抗ない人が多いのではないでしょうか。

　そうした状況のなかでも教育現場で教員たちが「日の丸・君が代」強制に強く反対していたのには、実は前述の二つの理由以外にもう一つ、〝教育の根幹〟に関わる大きな理由がありました。戦後ずっと――一九四五年から一九九〇年代まで――議論があった「日の丸・君が代」に対して、なぜ国（文科省・教育委員会）は血眼になってそれを〝攻撃〟し、「日の丸・君が代」を強制しようとしてきたのでしょうか。

　それは、子どもの教育のあり方をこの「日の丸・君が代」論争は問うているということだからです。

　教育現場の教員たちが考える〈教育の図式〉とは、その中心にまず子どもがいて、その最も近くに教員がいる。そして文科省・教育委員会という教育行政は教育環境を整えるだけの仕事を行う――というものです。ところが国（文科省・教育委員会）が考える〈教育の図式〉とは、国（文科省）→教育委員会→管理職（校長・教頭）→教員→子ども――という〝上意下達の図式〟です。

　どちらの図式が〈教育〉として正しいのか――そのせめぎあいが戦後ずっと続いていて、その象徴が一九九〇年代の「日の丸・君が代」論争だったのです。

　言い方を換えるとそれは、個人の幸せのために教育があるのか、国家の繁栄（国益）のために教育があるのかという「教育の目的」に関わることでした。教員にとって「日の丸・君が代」論争は、国家権力に従順になるのか、自分の意思で教育を行うのかのバロメーターの役割がありました。戦前の日本では**「教育勅語」**や**「御真影」**に**拝礼***するのは当たり前で、それを拒否した**内村鑑三***は教員を首になりました。「日の丸・君が代」にも同様の意味があったのです。

現在、「日の丸・君が代」論争は国側が勝利したということで決着しています。小学校の入学式・卒業式の会場からはそれまでの子どもたちが手作りしていたお祝いの飾りが排除され、紅白幕に囲まれた会場のステージ上に巨大な「日の丸」が掲揚されています。そんな状況へのささやかな抵抗として教員が「日の丸・君が代」の歴史を取り上げ、その「是非」を自由に子どもたちに考えさせるような授業をすると、たちまち「厳重注意処分」の対象になります。また「君が代」の斉唱時に教員が座ったままだと処分される時代になりました。

四、二〇一一年の大転換

〈ゆとり教育〉から〈ガチガチ教育〉へ

二〇一一年は大変な年でした。

この年の三月一一日、東日本大震災があり、福島第一原発事故が起こりました。日本のあり方、いや人間の思考そのものを考え直さなければならなくなるような大災害でした。

そして二〇一一年は「日の丸・君が代」の強制に教育現場がもはや反対することができなくなり、日本中の学校が〈上意下達の教育〉になった年でした。もっと早い段階でそういう教育環境になっていた地域もあったと思いますが、「日の丸・君が代」に象徴される〈上意下達の教育〉が日本の隅から隅まで行き届いたのがこの頃だったと思います。

その五年前――二〇〇六年に発足した第一次安倍内閣が、戦後の民主教育を否定し、〈四七教育基本法〉を**〝国家主義の教育基本法*〟**へと改悪しました。二〇〇八年には、改悪・教育基本法に基づく小学校の学習指導要領が作られ、二〇〇九・二〇一〇年度の移行期間を経て二〇一一年度から全面実施となりました。そこから〈ゆとり教育〉＝〈ノビノビ教育〉が〈ガチガチ教育〉となり、現場から抵抗することがまったくできなくなってしまったのです。

その頃〈ゆとり教育〉がどう変えられていったのかを見ていきましょう。

給料に差をつける「人事評価制度」の導入

戦後の教育は長らく「四〇人の学級を一人で見る」という教員にとっては劣悪な環境にありましたが、職員会議で話し合って学校ごとに特色ある教育ができました。会議でもさまざまな意見を言う自由があり、若い教員も年配の教員も対等な立場で話し合うことが可能でした。

しかし「人事評価制度」というものが二〇〇〇年代に導入されました。教育委員会の教育長が校長・教頭を、校長が教員を評価し、それによってボーナス（やがては給料）に差をつけるようになりました。その結果、それぞれの管理職の資質にもよりますが、使い勝手のよい〝権力の旗持ち〟のような教員ばかりが「評価」されるという事態が起こってきます。

それまでは学校ごとに一年に一回「年度末反省」を行い、次年度の教育をより良いものにしていきました。それが地域の有力者**（学校評議員）***や保護者の意見も聞くようになりました。と言うと教育の風通しが良くなったかのようですが、学校評議員となる地域の有力者とは——すべてとは言わないまでも——たいていの場合〝お上〟の意向に逆らわない人なのです。また、度重なるＰＴＡと教育委員会の学習会で〝お上〟に〝洗脳〟されるＰＴＡ役員も出てきます。結果、彼らは教育委員会・校長の意向に沿って発言し、教育現場に圧力をかけてくるようになるのです。ＰＴＡ役員から議員になり教育現場に執拗な圧力をかけてくる人もいます。熱心なＰＴＡ役員が教育委員会から与えられる情報を鵜呑みにし国策教育の信奉者になってゆくのです。

その一方で、地域社会の人々や保護者が学校に対して何を言ってもいい〝言いたい放題の時代〟にもなってきました。「モンスターペアレント」とか「クレーマー」と呼ばれる人々のケースです。保護者が時には集団で学校や担任の教員をつるし上げることも起こります。その攻撃対象にされた担任教員が「担任を降りる」と言うまでその教員の人格をこき下ろし、執拗に〝口撃〟するのです。時には政治家まで使います。いったん担任が攻撃され出したら、管理職のなかには「御説ごもっとも」と言って教員をかばうことをしない人もいます。甚だしい場合には攻撃する保護者側について一緒に担任を攻撃するケースまであります。

こうした行為がどうして人権問題にならないのか不思議なくらいです。

精神病で休む教員も増えました。教員の長期病休の六、七割が精神的に追い詰められたことが原因です。

統計にはない教員の自殺も出るようになりました。子どもの自殺はずいぶん取り上げられるようになりましたが、教員の自殺はあまり取り上げられません。教員の生命は軽いということなのでしょうか。

東京都では職員会議で手を挙げて発言することが禁止になり、会議は校長が代表者会議で決まったことを伝える（命令する）だけの場になりました。「東京はひどいな」と言っている場合ではありません。こうした職員会議のあり方はその後、確実に全国に広がっています。東京でこういう教育を推し進めたのは人権感覚のない当時の石原慎太郎都知事でした。しかしその知事を選んだのは東京都民なのですから、多くの人々の人権感覚がその程度だということなのかもしれません。

〈ゆとり教育〉からわずか数年で教育現場がこんな事態になっていることなど国民の多くは知らないことでしょう。

「個人の幸せ」から「国家のために」

前述のように戦後の教育は、個人の幸せのために行われるものでした。個々の人生が輝く社会を創っていくことがその前提にありました。

しかし二〇〇六年の第一次安倍政権になってからその流れが大きく変わっていきました。

第一次安倍政権を境にして小学校教育に「外国語活動」「道徳」「コンピュータ教育」「キャリア教育」が立て続けに導入されました。目的は国家の発展に尽くす人作り、国策に合致した人作りを行うためです。順番に見ていきましょう。

まずは「外国語活動」です。それまでも「総合学習」の中で「異文化理解」という外国の文化を調べる学習はありました。しかし安倍政権が新たに導入した「外国語活動」はそれとは明らかに違います。小学校五・六年生に「英語」を学ばせるのです。その目的は「異文化理解」ではなく、「国際競争に打ち勝つ人材を作る」ためなのです。

「コンピュータ教育」も公教育には本来ないものでした。しかし学校に一年に何度も「コンピュータを使った授業を何時間しましたか？」「あなたはどれだけコンピュータを使うことができますか？」などといったアンケート調査が教育委員会から届きます。アンケートとは言うものの要するにこれは学校に対する教育委員会からの圧力です。その「コンピュータ教育」は今はもっと進んで、パソコンを自在に使いこなす「プログラミング教育」に取って替わられようとしています。

「英語」と「コンピュータ教育」は、「グローバル社会に適応する国民作り」を意図したものですが、それだけでは〝日本という国家の一員〟としての意識はあまり芽生えません。そこで国が導入したのが〝国家の一員意識の強制〟とも言える「道徳」教育でした。

それまで「道徳」は教科ではなかったので当然教科書はありませんでした。文科省はそこが歯がゆかったのでしょう。高名な心理学者・河合隼雄氏らに依頼して『心のノート』*という副教材を作成しました。これをどれだけ使って「道徳」の授業を行っているか、アンケート調査が来るようになりました。

「キャリア教育」というものも入ってきました。これについてはまず〈新七五三教育〉という言葉を知っておいていただきたいと思います。〈新七五三教育〉とは「中学校卒業者の七割」「高校卒業者の五割」「大学卒業者の三割」が三年後には新卒時とは違う職業についていることを揶揄して言う言葉です。こうした〈新七五三教育〉を受けて文科省は、子どもたちに「働く体験をさせ、働く生きがいを持たせよう」と小学校のうちから「キャリア教育」を行うことにしました。この「キャリア教育」は「すぐに仕事を変える若者が悪い」という前提で行われます。しかし本当に「すぐに仕事を変える若者が悪い」のでしょうか。今、若者の労働環境はひどい状況にあります。国策に乗じて大企業は正社員を減らし非正規社員を増やすようになりました。また、正社員となってもサービス残業が当たり前に横行しています。日本の大企業が生き残るためには日本で働く人の給料を安くすること、そのためには正社員にはせず派遣労働者にすることです。さらに日本の大企業から取る税金（法人税）を安くし、国民から取る消費税は上げていく――歴代の自公政権によってそんな政策が取られています。

その結果、若者の給料はずっと安いままなので結婚する人が減って子どもが減っています。これを放置したまま「キャリア教育」を〝充実〟させていったい何になるのでしょうか。こうした状況を変えていくために必要なのは、労働者の権利に目を向けること――すなわち〝労働者教育〟だと思うのですが〝お上〟にそれをやる気はさらさらありません。

ここまで教育が二〇〇六年の第一次安倍政権以降「国家のための教育」に変えられていることを示してきました。それが今はどういう状況になっているのか――。それについては第四章・第五章で述べていきます。

この章ではもう一つ知ってほしいことがあります。それは「学び」の「評価」についてです。

「通知表」の変化――相対評価から絶対評価へ

多くの小学校で学期末ごとに「通知表」を配布しています。子どもの成績をランク付けした「通知表」

は一九七〇年代後半からつい最近まで「領域別の絶対評価」という評価方法が採られていました。「領域別の絶対評価」と言われてもわからない人が多いでしょう。そこでその前まで実施されていた「教科ごとの相対評価」のことからお話ししましょう。

「相対評価」とは教科ごとに次のような五段階評価を行うことです。

・「たいへんよい」（学級の七％）
・「よい」（学級の二四％）
・「ふつう」（学級の三八％）
・「少し劣る」（学級の二四％）
・「劣る」（学級の七％）

これはテストの平均点数の高い順に五段階に分けたものです。全国の学校では毎年、子どもたち一人ひとりに向けて「指導要録」という成績と生活の様子を示した書類を書き、保管しておくことが義務付けられています。それが「教科ごとの相対評価」（五段階評価）だったので「通知表」もそれに合わせて五段階の相対評価にしていました。

しかしその評価方法には問題がありました。たとえみんなの点数が高くても必ずだれかに「劣る」を付けなくてはならなかったのです。また、みんなの点数が低くても必ずだれかに「たいへんよい」を付けることになるのがこの「相対評価」でした。

それに図工（美術）や音楽など、優劣を付けることの難しい科目もあります。そう考えていくと成績の「相対評価」というのは明らかにおかしな評価方法であることがわかると思います。

そこで当時の教員たちはこの評価方法の問題点を学習していく中で「領域別の絶対評価」という方法を考え出しました。たとえば算数で「分数のかけ算やわり算の計算を理解することができる」という項目があったとして、ほぼ理解できていたら◎(三重まる)、やや理解が足りなかったら◎(二重まる)、ほとんど理解していなかったら〇(まる)を付けることにしました。理想は学級全員が◎になることでした。図工でも「遠近法の描き方ができたか」というように技術の達成度を基準にすると評価が可能になります。

ただしこれは「できるか」「できないか」、「わかったか」「わからないか」を問う評価方法です。「汗水たらし一生懸命に取り組んだ」とか「面白い発想をした」などは評価できません。客観的な評価は「限定的にしかできない」のです。そのことを教員たちは知っていました。

ところが現在は、多くの学校で「領域別の絶対評価」は行っていません。なぜなら〝真綿で首を締めるような〟教育委員会の指導でそれが否定されていったからです。では今、どういう方法で評価がされているかと言うと「観点別の絶対評価」(観点別評価)という方法が採られています。

だれにも評価できない「観点別評価」とは

「観点別評価」も指導要録の評価方法の一つです。何でも〝お上〟の言うことを聞けという教育委員会は家庭に渡す「通知表」まで〝お上〟＝文科省の提示した指導要録に合わせるように現場の教員たちを「指導(圧力)」し続けたのです。

「観点別評価」とは具体的にどういうものでしょうか。

たとえば算数では、

- 算数への関心・意欲・態度
- 数学的な考え方
- 数量や図形についての技能
- 数量や図形についての知識・理解

という四つの項目があって、それぞれを教員が「評価」するのです。

と言ったからといって納得しないでください。もう一度、評価観点を見てください。

この評価方法、はっきり言ってまっとうにできる人などだれもいません。だいたい「関心」や「意欲」なんてどうやって評価するのでしょうか。二つ目の「数学的な考え方」とはいったい何でしょうか。子どもたちの「関心」「意欲」「考え方」の評価などできるわけがないのです。そもそも「関心・意欲がない」「態度もだめ」な原因が「教師の教え方が悪い」「教科書が悪い」ということもあり得ます。

今、日本中の小学校の教育現場ではこうした〝できない評価〟をするために躍起になっているのです。一〇〇年後、学校教育史を調べている学者がこの「観点別評価」を知ったらどう言うでしょうか。「二一世紀初めに行われていた観点別評価の評価の仕方について」という論文を書いても、当時の評価の仕方は絶対にわからないでしょう。『はだかの王様』の大人のように全国の教員はみんな〝わかったふり〟をして観点別評価を付けているのですが、実はだれにもその評価の仕方はわかりません。もちろん文科省も教育委員会の人々にもわかりません。

ですから通知表を付けなくてはならない教員たちは、市販の「業者テスト」にある〝怪しげな「観点別評価」の点数〟を持ってきて、それをパソコンに入れ、クリックしてポンと出てきた評価を通知表に付けているのです。それでよしとしているのです。それしか方法はないではありませんか。

かつての教員たちは教科書を批判し、自主教材やテストを作り、授業を工夫しながら子どもたちを教えてきました。それが観点別評価のために「業者テスト」を買わせるはめになりました。「業者テスト」でがんじがらめになって、そのテストに出る内容を教えなければならなくなったからです。本来「テスト」というのは自分の教えた内容を子どもたちがどこまで理解できているかを判断するために行うものです。それが「業者テスト」に合わせて授業を行うことになっているのです。本末転倒ですが、そうせざるを得なくなっているのが教育現場の実情なのです。

「観点別評価」を図工で見てみましょう。

・造形の関心・意欲・態度
・発想の構想や能力
・創造的な技能
・鑑賞の能力

この四つを小学校一年生から六年生まで一律に「評価」するのです。

絵や工作ほど学級担任の指導の〝味〟が出る授業はありません。担任の思った形にピッタリ合致するようなモノを作らせようという場合と、子どもの発想や個性を最大限に生かして創らせようという場合とでは、その作品は全然違うものとなります。それを評価の「説明責任を果たそう」と、各担任が「実態のない評価基準」をつくって通知表や指導要録を作成します。

音楽や図工には「鑑賞の能力」の評価があります。音楽鑑賞も美術鑑賞も形に表れない一つの「学び」であることに異論はありません。しかしこれをどうやって教員が評価するのでしょうか。いや、本当に教員が評価していいのでしょうか。私はだめだと思います。やってはいけないと思います。

なぜなら評価のしようがないからです。日本中の教員ができないことをさせられているのです。ただただ〝お上〟の圧力で評価しているだけです。そして一〇年後、かつて「領域別の絶対評価」があったことも忘れられて、だれもが「観点別評価」を行うのが当たり前の時代になっていくのでしょう。時の流れはあらゆるものを押し流していきます。

二〇二〇年度から学校教育法第二〇条の規定に合わせ指導要録の形が変わります。教育委員会の圧力に抗する力のない教育現場ではその形に合わせた通知表を作らざるを得なくなるでしょう。

新しい指導要録では次に示したように「関心・意欲・態度」の項目がなくなり、各教科の評価が四観点から三観点になります。

〈二〇一九年度までの四観点〉

・関心・意欲・態度

・思考・判断・表現

・技能

・知識・理解

〈二〇二〇年度からの三観点〉

・知識・技能

・思考・判断・表現
・主体的に学習に取り組む態度

となるのです。四観点時代よりは多少「評価」はしやすくなったでしょう。しかし学級に四〇人いたとしたら、四〇人のすべての教科の「思考・判断・表現」など教員は〝判断〟できるのでしょうか。「思考」も「判断」も「表現」も、いや四観点時代の「関心」や「意欲」も含めて、すべて子どもの内面のものです。教員の目に入るのはそのほんの一部にすぎません。まして教員は日々の業務に追われ息つく暇もありません。例によって「市販テストを買ってきてパソコンに入れ、数字をポンと出して通知表へ記入」ということにきっとなるでしょう。

「主体的に学習に取り組む態度」を評価するときは、おそらく「家庭学習・宿題」の提出量とかノートのきれいさ、ルールに則った発言訓練など、〝お上〟の指導通りにやっているかどうかで評価していくことになります。つまり子どもたちは〝お上〟の求める従順な「態度」か否かが問われるということになります。

この問題、おかしいと思っても、現場の力ではどうしようもありません。教育委員会は「通知表は学校が作ったもの」という〝公式見解〟を言ってお茶をにごすことでしょう。しかし現在の教育評価の方法が、教育委員会の絶え間ない「指導」によって今こういう形になっているということは、ここでははっきりと言っておきます。

ちなみに「業者テスト」ですが、これをめぐって中学校ではもっとすさまじいことが起こります。全国一斉の「業者テスト」により、テストの結果を点数化して各学校のレベルを出しているのです。教員たちは自校のレベル（テストの点数）を少しでも上げるため、そのテストの日に合わせて授業を進めておかなければなりません。それをせずに独自の教材や教え方で授業を進めていると一部の保護者から猛反発を受けることになります。また、教育委員会も「是正」の圧力をかけてきます。

第一章　用語略解

＊一九六八年の学習指導要領　「学習指導要領」とは文部省（現・文部科学省）が学校教育法に基づいて告示する教育課程の基準。小中高で行われる「学習」の指導内容について定めている。一九四七年にアメリカの指導要領などを参考に最初のものが文部省によって作成されたが、それには「試案」と表示されていた。一九五一年の改訂版も「試案」とされ、教師の参考のためのいわば手引きの文書であった。しかし一九五八年から「試案」の表示がなくなり、法的拘束力のある国の教育の基準と定められた。その後、小学校の学習指導要領は一九六八年、七七年、八九年、九八年、二〇〇八年、二〇一八年に改訂された。六八年の学指導要領は、詰め込み教育を推し進めるものだったため、多くの落ちこぼしを生んだ。

＊「教頭」の法制化　「教頭」とは学校教育法に基づき小・中学校に置かれる職位の一つ。校長を補佐する管理職。戦前には教頭職はなかったが、一九四一年の国民学校令で制度上確立し、「皇国民練兵」の教育を進めるための上意下達機関の一つと位置付けられた。戦後、教頭職は法律上廃止。一九五七年に学校教育法が改正され、教頭についての規定が加わったが、それは「宛て職（兼任職）」としてであり、法律上職位として明記されたのは一九七四年。以後、「校長を助け、校務を整理する」管理職として存在している。教頭になるには本人の意思によって任用試験を受け合格しなければならない。近年の小学校はブラック化し、教員はみな時間外手当なしに夜遅くまで働かなければならなくなっているが、一番最後に学校の鍵をかけて帰るのは教頭であることが多く、過酷な労働状況にある。上からの指令と教員からの苦情の板挟みにもなる。ここを改善しない限り教頭職を望む人は増えないのではないかと思われる。

＊「教務主任」「学年主任」の制度化　「教務主任」とは校長の監督を受けて教育計画の立案を行う者、「学年主任」とは校長の監督を受けて学年の代表教員として教育活動の連絡・調整を行う者のことをいう。一九七五年一二月に文部省省令として発令され、翌七六年三月から施行された。それらの中間管

理職を文部省が定めた目的をありていに言えば、現場教員の間に上下関係を作り、校長→教頭→教務主任→学年主任→一般教員と、学校の指令が行き渡りやすくすることである。「教務主任」「学年主任」とも本人の意思によってなる役職ではなく、校長の校内人事によって決められる。いずれも役職につくと主任手当が支給される。

＊遠山啓《ひらく》の算数・数学理論（水道方式）　一九五八年頃から広まった数学者・遠山啓（一九〇九～一九七九）の算数・数学理論。暗算中心で教える内容にさまざまな不備があった文部省の検定教科書が、当時、多くの落ちこぼしを生んでいた。遠山は、「原理」を押さえておけばさまざまな問題に応用できる教育方法（水道方式）を唱え、「筆算重視」「五を単位とする五・二進法」「量として数を見る」など、学習指導要領や教科書に書かれた内容よりもはるかにわかりやすい教育方法を示した。しかし教育行政および学校の管理職はこれを認めず、遠山の水道方式を授業で扱うことへの圧力を現在に至るまでかけ続けている。

＊板倉聖宣の理科理論（仮説実験授業）　一九六三年頃から広まった科学史や理科教育史の学者・板倉聖宣（一九三〇～二〇一八）の理科理論。「なぜそうなるのか」「原因は何か」ということが重視される学習指導要領や教科書による理科教育を批判し、実験した結果がどうなるかを予想することで自然認識を育む「仮説実験授業」を提唱した。

＊西郷竹彦の日本語教育理論（文芸研）　一九六〇年代に児童文学研究者・西郷竹彦（一九二〇～二〇一七）が提唱した日本語教育理論。優れた文芸教材を通して「認識と表現の力を育てる」ことをめざし、物語・説明文・詩などの教材の本質を示した。「文芸研」とは西郷竹彦の理論を支柱とした研究団体・「文芸教育研究協議会」の略。

＊指導主事　都道府県および市町村の教育委員会に所属する学校現場を指導・監督する職員。教育委員会はもともと戦前の教育の中央集権化を反省し、教育の地方分権化のために作られ、教育委員は公選で選ばれた。しかし戦後日本が独立すると、政府与党は討論なしの強行採決で教育委員を公選制から任命制にした。国の教育政策を上意下達で行うためである。指導主事は教育行政に従わない学校を指導す

る立場の役職で、指導主事内にも厳然たる序列がある。教育現場の教員から指導主事になるケースがあり、指導主事を経験して学校に戻るのは一つの「出世コース」となっている。

＊一九四七年の教育基本法（四七教育基本法）　「教育基本法」は戦前の教育のあり方を反省して、国策・国益のための人材育成ではなく、個々人の「人格の完成」「平和的な国家および社会の形成者」を育むことを目的とした教育を進めるために一九四七年に制定された法律。戦後六〇年以上にわたりこの教育基本法は、日本の教育の指針となり国民の精神的な支柱となってきたが、二〇〇六年の第一次安倍政権によって全面的に改悪された。そのためそれまでの（一九四七年制定の）教育基本法を「四七教育基本法」と本書では呼んでいる。

＊日本教職員組合（日教組）　一九四七年に結成された日本の学校教職員による労働組合。労働条件の改善や生活の向上をはかる一方、戦前の教育によって教え子を戦場に行かせた反省から「教え子を再び戦場に送るな」をスローガンに民主主義社会に根差した教育をめざしてさまざまな組合活動を行っている。一九八〇年代までは国の教育政策と真正面から対決してきたが、九〇年代以降は文科省との協調路線が目立つようになってきている。現在、若い教員の加入率が極端に下がっている。

＊教育改革国民会議　小渕恵三首相（一九九七～九九）直属の私的諮問機関。座長・江崎玲於奈、副座長・牛尾治朗のほか、浅利慶太、河合隼雄、曽野綾子、山下泰裕ら著名人が委員となった。二〇〇〇年に「優勝劣敗」「鍛錬主義」などが鏤められた乱暴な提言がまとめられた。四七教育基本法の改悪も主張した。そのことはのちの安倍内閣の教育基本法破壊につながった。

＊「日の丸・君が代」論争　戦前の国家主義教育・軍国主義教育に利用されてきた「日の丸」掲揚、「君が代」斉唱は、戦後の民主主義教育の現場では否定されてきたため、それらの強制はしばらくはなかった。しかし朝鮮戦争直前、当時の天野貞祐文部大臣が「共産主義に対する精神的自衛力」として「日の丸」「君が代」「天皇」を国民の道徳の中心に据える「修身」の復活を主張し、岸信介内閣の一九五八年、戦前の「修身」につらなる「道徳」が導入され、「日の丸」

掲揚、「君が代」斉唱が教育現場にも求められるようになった。現場の教員たちはこれを受け入れなかった。一九八九年の学習指導要領で「日の丸・君が代」を「指導するものとする」とされてから、「日の丸・君が代」をめぐって、多くの一般教員と、教育委員会の強い「指導」を受けた管理職との間で激しい論争となった。これを「日の丸・君が代」論争という。この論争は国側が勝ち、現在、教育現場では「日の丸・君が代」の果たしてきた歴史的役割を授業で教えることもできなくなり、教員が「君が代」斉唱時に起立しなかったり、ピアノ伴奏を拒否したりすると行政処分の対象となる。

＊天草四郎　?～一六三八。江戸時代初期に起こった島原・天草一揆の首領とされるキリシタンの少年。幕府軍に抗戦し、原城に籠城して敗死した。洗礼名はジェロニモと言われるが正確な素性は不明。

＊大塩平八郎　一七九三～一八三七。江戸時代後期の儒学者。大坂町奉行与力。天保の飢饉（一八三六）のとき奉行所に難民救済を直訴したがかなわず翌年同志を募って挙兵（大塩の乱）したが鎮圧され自刃した。

＊田中正造　一八四一～一九一三。栃木県生まれの政治家・社会運動家。一八九〇年、衆議院議員になると日本初の公害「足尾銅山鉱毒事件」に取り組んだ。政府と加害企業である古河財閥に対して被害者である農民の側に立って議会で奮闘したが解決せず、一九〇一年、議員を辞職して明治天皇に直訴した。のちに谷中村に居を移し、その遊水池化に反対する。貧窮の中、七三歳で病死。

＊与謝野晶子　一八七八～一九四二。歌人。「明星」の主宰者・与謝野鉄幹と結婚。積極的な人間性賛美の歌をうたい、一九〇一年に第一歌集『みだれ髪』を刊行。日露戦争時の「君死にたまふことなかれ」は戦争を命じる天皇と弟の命を対比させて詠んだ詩。源氏物語の現代語訳でも知られる。

＊東郷平八郎　一八四七～一九三四。海軍軍人（大将・元帥）。日露戦争で連合艦隊司令長官として日本海海戦を指揮してバルチック艦隊を完膚なきまでに破ったことで知られる。

＊広島県の校長の自殺　一九八九年の学習指導要領に「日の丸・君が代」の指導が登場して以来、卒業式・入学式に「日の丸」掲揚、「君が代」斉唱を強制

させようという教育委員会の圧力が年ごとに強まっていった。一方、一般教員の多くも「日の丸・君が代」が戦争遂行に利用されてきたことや教育における価値観の強制になることについて議論し、管理職に「日の丸・君が代」を強制しないよう求めていった。一九九九年、その両者の板挟みになった広島県の県立高校の校長が卒業式の前の二月に自殺した。国はこの事件を一つの契機として国旗・国歌法案作りを一気に進めた。

＊国旗・国歌法　一九九九年八月、「日本の国旗・国歌」法が制定された。その内容は「国旗は日章旗とする」「国歌は君が代とする」という単純なもので、ここに尊重義務はなく、国会答弁でも「強制しない」ことを述べたが、結局、事態は全く逆に進んだ。

＊教育勅語・御真影への拝礼　一八九一年、明治政府は天皇制国家を盤石なものにするため「皇室に忠、父母に孝、長上を敬い……」という天皇の言葉である「教育勅語」を各学校に配った。翌年は天皇の写真「御真影」が配られ、祭日には必ず教育勅語を読み、御真影に対して最敬礼することが子どもたちに求められた。

＊内村鑑三　一八六一～一九三〇。無教会派のキリスト教伝道者。札幌農学校時代に受洗。第一高等中学校の教師のとき教育勅語に対する敬礼を拒否して免職となる。足尾鉱毒事件を批判し、日露戦争に際しては非戦論を唱えた。

＊国家主義の教育基本法　一九四七年に制定された「四七教育基本法」を批判してきた第一次安倍内閣は、二〇〇六年に「四七教育基本法」を全面的に改訂させた。改訂後の教育基本法には「伝統と文化を尊重し……それらを育んできた我が国と郷土を愛する」とあり、戦後、抑制的だった愛国心教育を全面的に復活させた、いわば〝国家主義の教育基本法〟と言える。また、「伝統と文化の尊重」ということで小学校三年生から古典を読ませたり、小学校六年生の歴史学習で歴史の流れを無視して文化だけをクローズアップしたり、中学校の体育に銃剣道やなぎなたを入れるなど、学びの系統をずたずたにしている。

＊学校評議員　学校教育法施行規則四九条によって定められた学校運営に意見を述べる人員。

＊『心のノート』　二〇〇二年に文科省が全国の小中学校に配布した「道徳」の副教材。教科書は、教科

書会社各社が学習指導要領の枠がありながらも独自性を出そうとして制作し、検定を受けて合格したものが出版される。しかし当時の「道徳」には教科書がなく、副教材である『心のノート』が、教育委員会や議会の圧力もあり、事実上の国定教科書とされた。二〇一三年、『心のノート』は『わたしたちの道徳』として全面改訂され、二〇一八年から「道徳」は「特別の教科・道徳」という評価を有する教科となった。

第二章

知られざる小学校の行事と驚きの教育内容

仕事が忙しくて学校教育など関わっていられない、子どもの教育は学校に任せている——という保護者は多いものです。

その一方で、文科省や教育委員会のホームページをチェックして、その教育政策をよくわかっている〝意識の高い〟自称「知識層」の保護者もいます。

しかしいずれの保護者も、今、小学校の教育現場がどんなふうになっているかは知らない人がほとんどです。小学校は義務教育ですからだれもが経験しています。しかしその教育内容がこの四〇年間で大きく変化していることをいったいどれくらいの人が理解しているでしょう。この章では、この四〇年の小学校の学校行事とその教育内容の変化を見ながら、小学校教育における「学び」の本質について考えてみます。

まずは小学校の三大行事と自治的諸活動を、その後に各学年の教科内容とその問題点を具体的に見ていくことにします。

一、小学校の三大行事と自治的諸活動

小学校の〝三大行事〟とは「運動会」「学芸会」「卒業式」のことです。

ただし地域によっては「学芸会は行わない」とか、「卒業式が教育委員会の圧力で〝卒業証書授与〟だけになってしまった」とか、「教育委員会から授業時数の確保をしつこく迫られて運動会をすべて午前

中に行ってしまった」（「保護者の昼食の負担を考えたため」という名目で）といったことが起こっていて、かつての小学校の三大行事もあちこちにほころびを見せています。

最後の「授業時数の確保のため」ということについては説明が必要でしょう。

かつての小学校では「一年間に何時間授業をしろ」などとはあまり言われませんでした。標準授業時数はありましたが、要はその学年で学ぶべきことを一年かけて教えていればよかったのです。

しかし近年、教育委員会からさまざまな「指導」が入るようになり、「〇〇の教科は授業時間が足りない」「インフルエンザなどで休む場合も予想して、授業時間をもっと確保せよ」などと言われるようになりました。〝お上〟の示した標準時数に対して一時間でも不足したら「取り戻せ」というきつい指導が入るようになったのです。その結果、学期初めや学期終わりの「午前授業のみの日」をなくしたり、「炊事遠足」や「〇〇小まつり」「（年三回の）遠足」など、子どもが楽しみにしていた行事をかたっぱしから減らしていきました。その行きついた先が「運動会の午前中開催」です。

その一方で、この小学校の三大行事を「日本の伝統的教育」として大事にしている学校もまだ数多くあります。

そこで、小学校の三大行事が本来、教育にどのような意味をもたらしていたのかを見ていくことにします。

1 「運動会」とはなにか

過熱する保護者の問題

運動会における保護者の行動で「これ、おかしくないか」と毎年思うことがあります。「競技の勝敗や判定へのクレーム」「運動会の実施・延期の判断へのクレーム」「ルールを無視してまで行う場所取り」などです。

児童数の多い学校では、運動会における保護者同士の「場所の取り合い」はすさまじいの一言に尽きます。学校側が規制をしなければ数日前から場所を取り始めたり、場所取り開始の日時を指定したとしても、その日時めがけてみなものすごい勢いでなだれ込んできます。そして一家族が広大な面積を占有したりして問題になることが度々あります。

「競技の勝敗」にこだわる保護者がビデオカメラを持ってきて競技を撮影し、それを元に一度決まった判定を覆そうとしたりします。しかし運動会はあくまでも教育上行っている行事なのです。そこまで厳密に勝敗にこだわる必要があるのかと思います。

運動会をどう進めていくか

子どもたちは運動会にどう関わっていくのでしょうか。高学年（五・六年生）の視点で見てみましょう。

まず各学級から運動会実行委員が選ばれます。

四〜六年生の運動会実行委員が集まって、実行委員長を決め、実行委員会が成立します。そこで運動会の流れの原案を作り、学級に下ろして討議します。その討議内容をまた実行委員が持ち寄って決定していくのです。

こういう流れは学芸会も卒業式も同じです。もちろん、大まかな流れは教員たちによる職員会議で決定するのですが、子どもが決められることはできるだけ子どもに決めさせます。

運動会の開会式・閉会式の司会、児童代表の挨拶、運動会のテーマの看板作りなどは、運動会実行委員会の仕事です。

また、各学級に応援団、ラジオ体操委員、会場（ライン）係、審判係、点数係、用具係、放送係などを割り当て、それぞれの係が計画を立て実行していきます。

運動会を通して民主的な会の運営の手続き（議決～執行）を教え、協力し合い、子ども同士の関わりが深まっていくようにさまざまな工夫がされているのです。

「勝敗」とどう向き合うか

運動会にはそれ自体が持っている根本的な問題もあります。それは「勝敗がある」ということです。「勝つ」というのは一つの結果にすぎません。それをあたかも「人生の勝利者」にでもなったような気になり、負けた相手を笑ったりバカにしたり、チームで負けたときに「お前のせいだ」と仲間を批難する、あるいは勝って賞賛されたことを「成功体験」として一生の誇りにし、そこから逃れられなくなる――といったこともあります。そうした感情は大人でも普通に起こり得ます。

最初から相手を見下し適当にやってあっさり「勝つ」こともあります。それがいかに自分のためにならないか――ということも伝えていきたいと思っています。また一方で、全力で取り組み一生懸命やったのだが結果的に負けてしまった――ということもあります。そうした経験も〝人生の糧〟になるということを考えていかなくてはなりません。
運動会における「勝敗の問題」とどう向き合うか――。それはどう生きるかということにもつながっていく難しい問題です。しかし小学校における運動会の本質は、子どもたち自身が会を運営するというその取り組みにこそあります。「勝敗」は表面上の結果にすぎません。

2 「学芸会」とはなにか

学芸会は教科にまたがる「学び」の機会

学芸会で扱う主なものは「劇」「合奏」「合唱」です。それ以外には「人形劇」や「リズムの発表」などもあります。また総合学習で調べたことを「学習発表会」として発表する学校もあると聞いています。

学芸会も、学芸会実行委員会を作り、実行委員会からの原案のもとに議論・決定し、会場係（会場の椅子や絨毯を用意）・照明係・放送係・ステージ係（道具や楽器を配置）などの仕事を学級に分担していきます。このあたりの流れ（議決～執行）は基本的に運動会と同じです。

学芸会ではよく「劇」を行います。「劇」は「教科」と同じくらい、いやそれ以上に大きな「学び」を子どもたちに与えてくれるからです。後述する「教科の学び」についてここで先に触れておくと、「学び」を縦割りに分けたのが「教科」で、それを細切れに切ったのが「単元」です。たとえば「算数」のかけ算の計算や「国語」の一つの物語教材などが「単元」です。授業ではそうした単元を数時間から十数時間かけて学んでいきます。では学芸会の「劇」はどういう「学び」になっているのでしょうか。

「劇」にはまず台本があります。そして配役を決め、台本の読み合わせを行います。それから舞台に立ってセリフの練習と動作の練習をします。また、背景の絵を描いたり小道具を作ります。さらに、台本のセリフ以外に歌や踊りが入る場合はそれらの練習も行います。

どうでしょう、ここには「国語」や「図工」や「音楽」や「体育」が入っていませんか。さらに「劇」には、その作品で訴えたい「テーマ」があります。「友情」をテーマにした『ないたあかおに*』、「人間の欲」を取り上げた『夕鶴*』、「命を超えた価値」を考えさせる『よだかの星*』、さらに「戦争」をテーマにした「平和劇」などもあります。

こうしたテーマを持つ作品を子どもたちは約一カ月かけて自分たちの「劇」にして発表するのです。一つの作品を学級や学年で創作する経験はなにものにも代えがたい「学び」となります。

そんな「学び」の機会である学芸会を、今、「授業時数の確保」「学芸会は教育課程のどこに位置付けられるか」などと言って、〝お上〟は練習の余裕を奪おうとしています。

また、今は戦争を扱った「平和教育」に圧力がかかる時代です。授業で「平和教育」「人権教育」「環境教育」を行うと、「偏向教育だ」と言う国会議員や地方議員がいて、一部の保護者からも猛烈なクレームが入ることがあります。そうしたクレームに教育現場はたちまち委縮します。そのため「平和教育」「人権教育」「環境教育」は今授業でできなくなっているのですが、学芸会の「劇」や「合唱」ではまだ「平和」や「人権」や「環境」をテーマとした作品を扱うことができます。学芸会は「平和教育」の〝最後の砦〟

なのです。「平和と人権」は日本国憲法の骨格ですからなくすわけにはいきません。

教員が陥りやすい〝落とし穴〟

学芸会には、教員が陥りやすい二つの〝落とし穴〟があります。

一つは、オーディションをして「(教員の目から見て)優れた子どもばかりを出演させる」――「劇」ならば主役、「合奏」ならば特別楽器を演奏させる――という問題です。結果、毎年同じ子どもばかりを出演させることになり、ほかの子どもを「いる」だけの存在にしてしまいます。

もう一つは、教員の思い通りの「劇」になるように指導してしまうということです。毎日教員が怒鳴り散らして練習させ、休み時間を取り上げ、子どもに恐怖の時間を強いてしまうことも多いのです。

どちらの場合も学芸会当日の発表は、結果的に「すばらしいもの」になることが多いです。観客から大きな拍手をもらうでしょう。しかし学芸会は、すばらしい発表のために行うのではないのです。すべての子どもが何らかの形で参加し、成長し、終わった後、充実感を持つことが大切で、「すばらしい発表」はその結果なのです。仮に「優れた子ども」を中心にしなかったために多少ずれた「合奏」や「劇」になったとしてもやむを得ないと私は思います。「芸術の質」よりも「教育の質」が重要なのです。

また、教員の目から見た「優れた子ども」だけではなく、普段気づかなかった別の子どもの新たな才能にも気づくことができたら、それはとても有意義なことです。子どもには、教科の授業の中では見つけることのできない才能が眠っているものです。

3「卒業式」とはなにか

子どもの創る卒業式から〝お上〟の造る卒業証書授与式へ

小学校における〝三大行事〟で近年、もっともかたちを変えられたのが卒業式です。

卒業式は、卒業生と在校生が向かい合い、在校生がお世話になった卒業生に感謝とお別れの言葉を贈ると同時に、一人ひとりの六年生の卒業をみんなで祝う会でした。

それが教育委員会のすさまじい圧力で、国家への帰属を誓う〝儀式〟へと変質させられました。

戦前の日本では「儀式」は国家への帰属を確認する場であり、「整然」「厳粛」が求められました。それに意見を言おうものなら国家への不敬と見なされました。

戦後教育にもそういう雰囲気はまだ残ってはいたものの、多くの学校で子どもたちの手作りの卒業式が行われていました。運動会・学芸会と同様に、卒業式も在校生たちが実行委員会を作り、学年ごとに何をするかが話し合われました。ステージや会場、廊下や玄関の飾りつけなども学年ごとに分担して準備しました。しかし、こうした手作りの卒業式が、国家への帰属を確認する場となっていったのです。

教育委員会は、卒業式でステージに「日の丸」が掲げられているか、子どもが、教員が起立して「君が代」を歌っているかを確認するために、各学校のＰＴＡ役員に電話して卒業式の様子を聞き取るという念の入りようでした。さらに、「君が代」斉唱を徹底するために、校長に「職務命令」を出すように指導しました。教育委員会がそんなことまでしていたとはほとんどの国民は知らないでしょう。

そうしたさまざまな圧力の結果、子どもたちの飾りつけは紅白幕になり、ステージには巨大な「日の丸」が掲揚され、「君が代」斉唱では子どもの声量までが調査されるようになりました。〝偉い方々〟がステージ上から〝下〟を見下ろす形で式は進められ、フロアでの在校生と卒業生が語らう時間はなくなりました。子どもたちによる子どもたちのための卒業式が、一気に灰色になった感じがします。

卒業式は保護者の見えの場か？

卒業生の担任をするたびに、自分の知らないところで起きていたことを後から知ることになります。たとえば女子たちの服装のことです。「卒業式に着たいモノ」がどんどん華美になり、保護者に高価な服をねだるというのです。たった一時間の卒業式のために、華麗な袴《はかま》を着けてくる子どもさえ出てきました。

袴の場合、子どものわがままというよりも保護者の見えかもしれません。いや、教員の中にさえ「卒業式はいい服を着てくるのですよ」と指導する人がいます。

私はみなが同じの――たとえば「人民服」*や「国民服」*など――〝お上〟が決めた服装を子どもたちにさせることなどまっぴらごめんです。しかし、自由をいいことに卒業式がファッションショーと化し、保護者の〝貧富の差〟を見せつける場となることにも反対です。卒業式が上意下達の儀式ではなく、子ども主体の行事になるように闘ってきた身から言えば、背後から弾を撃たれているような気持ちになります。

卒業式は、小学校生活の「最後の授業」でもあります。「自由な服装で」とは言っても、あまりにも「見え」に捉われた姿を見るのは虚しいものです。各家庭でもっとよく話し合ってほしいと思います。

4　自治的諸活動とはなにか

それは子どもがやりたいことですか？

小学校における「自治的諸活動」とは何かわかりますか。**「児童総会」や「児童会選挙」***などの「教科」以外の時間のことです。**「全校のお楽しみ会」***のようなこともそこに入ります。

現在、こうした「教科以外の活動時間」は、学力を上げるという小学校における至上命題のためになくなりつつあります。「学習時間が足りなければ、自治的諸活動の時間を潰してしまえ」とばかりに、「児童総会」や「児童会選挙」や「お楽しみ会」が真っ先に消し去られているのです。

しかし、自治的諸活動のめざすところは本来、高邁なものです。今から二五〇年近く昔、アメリカ合衆国はイギリスから独立しました。そのときのアメリカ独立宣言には、「政府は人々の幸せのためにある。人々のためにならない政府に対しては、人々はそれを壊す権利を持っているんだ」と書かれています。このアメリカ独立宣言の言葉は近代国家の基本的な精神であり、自治的諸活動の根幹と言えます。

しかし日本ではこの基本的な精神がわからない人々が政治の中枢にも数多くいます。テレビによく出ている評論家にもいます。「国（国益）に尽くすために国民がある」と言う人がいるのです。

児童会も生徒会も、子どもたちの幸せのためにあるということを忘れています。今の学校はあいさつ運動だ、廊下歩行運動だ、遅刻を取り締まる運営委員だ、花壇の花に水をやる美化委員だと「規律」「取り締まり」「奉仕活動」の毎日です。学校をきれいにすることはいいと思いますが、それは子どもが本当にやりたいことでしょうか。どちらかと言うと、教員側がやってほしいこと、それを子どもに「うまくさせている」ということではないでしょうか。要は「自主的」という言葉を使いながら、子どもたちを体よく管理の手段に使っているのではないかと私は思うのです。

代表委員は雑用係？

「学級代表委員」または「代表委員」「評議委員」という児童会（生徒会）の〝役職〟があります。

この委員は「仕事があまりない」と言われ、運営委員の手伝いや他の委員のやらない「雑用」をさせられることがあります。「運動会の〇〇係のお手伝いをして」「挨拶運動や廊下歩行運動、花壇の水まきをして」などです。しかしこうした仕事は本来の学級代表委員の仕事ではありません。

まっとうな近代国家の権力は、立法・行政・司法の三権から成り立っています。立法は話し合い、法律を決定する場、行政は決定した法律を実施する場、司法はそうした法律が正しく機能しているか監視する場です。一つの場に権力が集中しないように、啓蒙思想家の**ロック***が考え、今や民主国家を名乗る国では当たり前とされているシステムです。

児童会・生徒会も、話し合い、決定する場（議決機関）と、決まったことを実行する場（執行機関）を分けています。「（学級）代表委員」は、学級の意見を持ち寄って、話し合い、決定する権限を持っています。それがこの委員の仕事のすべてです。それを「仕事がない」と言い、他の委員の雑用をさせるのは、民主主義の手続きから見ると間違っています。

児童会選挙ヤーメタでいいの？

最近、「児童会選挙」を取りやめる小学校が出てきています。

「選挙の準備に時間がかかり、教科の時間に食い込む」

「落選した子どもの気持ちを考えたら、かわいそうだ」

「子どもたちに関心がなく、立候補者がいない」

などの理由からです。

しかし本当にそれでよいのでしょうか。ここできちんと考えてみたいと思います。そもそも「選挙」とはいったい何でしょうか。

日本史を見直してみると、大化の改新から戊辰戦争に至るまで、国の権力は戦争やクーデターの結果、決まりました。しかし現在、日本の政治権力は戦争では決まりません。国民の選挙で決まるのです。国民主権とは、国民に権力があること、パワーがあることを意味しています。そのことを現実化しているものが「選挙」なのです。

そうした選挙と民主主義について実践的に学ぶために小学校では「児童会選挙」が行われています。その「児童会選挙」を小学校でやめてしまうことは子どもたちに選挙と民主主義を理解する機会を奪ってしまうことになります。

また、「児童会選挙」を行っている学校にしても、最近は、当選するのは「少年野球をしているイカシタ男子」や「かわいい顔の女子」「演説のとき、ウケをねらった言い回しをし、奇抜な格好をした子ども」ばかりだとも言われています。かなしいことに、現実の地方議会や国政選挙でも同じかもしれません。

「なぜ、選挙が行われるのか」を子どもたちに理解させなければ、児童会選挙におけるこうした選挙結果はまだまだ続くことでしょう。分別を持った大人が「誰を選んでいいかわからなーい」「誰が選ばれても変わらなーい」「だから、選挙に行かなーい」と恥ずかしげもなく言う時代ですから。どんなに劣悪な社会になっても変化を望まず流されるだけ、ですから。

たしかに今の児童会選挙では、だれが選ばれても、学校そのものは変わりません。公約はいつでも「あいさつ運動」や「廊下歩行」ばかりです。

しかし、「この人を選ぶことで学校が変わる」となると、どうでしょうか。そして、自分のしてほしいこと、あるいは「こういうことを行えば、楽しい学校になる」ということを「公約」で言い、それを実行するように進めたら、どうでしょうか。選挙への関心は高まり、見た目で投票しなくなるのではないでしょうか。そして候補者の公約をしっかり聞いて、自分の考えに近い人を選ぶでしょう。選挙とは〝自分〟を選ぶことなのです。児童会選挙も、大人の選挙も、同じです。

決まりを変えるのも自治的諸活動

教員の手伝い的な活動ではない自治的諸活動についても触れておきます。

ある小学校で、二階にいる低学年は三階の高学年の教室に行ったらダメだという決まりがありました。これは必要な決まりなのかどうかが児童会の議題に挙がり、決まりを変えることになりました。

　空き教室に卓球台を置いて、休み時間に使ったらどうかという提案もありました。

あるいは、全校特技大会をしてはどうかという提案も出されました。

　自分たちの自由と権利をどうやって広げていけばよいかを学ぶための活動全てが自治的諸活動です。そして、それをどう運用していくかというのも、自治的諸活動の内容に含まれます。自由を広げた結果、何か問題が起きたら、話し合って調整し、それに必要な決まりを作っていきます。大人の決めた決まりを守らせることが自治的諸活動ではないのです。

二、無理難題だらけの「学び」

　ここからは小学校の各教科の内容を見ていくことにしますが、その前に最近の保護者と教員の様子についても触れておきます。

　子どもの家庭学習と宿題をやたらに気にする保護者、学校で教科書通りに授業が進められているかどうかを気にする保護者がいます。テストの点数が下がると子どもをきつく叱る保護者もいます。

　一方で、目がまわるほどの膨大な宿題を出して家庭学習を要求し、「勉強する習慣がついた」と誇る教員がいます。そうしたやり方を全校一律で行おうという学校もあります。いや、最近は教育委員会が「小学校〇学年×一〇分＋一〇分の家庭学習をしろ」などとわけのわからない指導をします。

保護者もそんな指導を信じ、子どもが家で勉強している姿を見ていれば安心するという感じです。実際にはそんなに躍起になって勉強する必要はありません。ただ、教科書通りに勉強していったらかえってわけがわからなくなって、問題をたくさんこなさなければならなくなることがあります。また、教科書の内容に無理があるのでさらっと流すだけでいい項目もあります。

それらを学年ごとに列挙してみましょう。教員として、保護者として、教材の本質を読み取り、本来の「学び」とは何とおもしろいのだろう、何と深いのだろう——ということに改めて気づいてほしいです。

さらに小学校教育が、人間が生きていくうえでどれほど大事かということにも気づいていただければと思います。

なお、二〇一八年度版の教科書と二〇二〇年度版の教科書の事例が出てきますが、これは単に二年間の教育内容の違いを示しているわけではありません。二〇一八年度版は過去一〇年近くの指導要領の内容に沿っており、二〇二〇年度版はこれから一〇年近く基準となる指導要領の内容に沿っていることに留意してください。

1　一年生の学びから

［国語］ひらがなは幼稚園から学ぶほうがいい？

よく幼稚園や保育園で文字を教えるところがありますが、小学校入学前にこうしたところで教えなくても、小学校に入学してから文字を覚えることで何の不都合もありません。何でも小学校で学ぶことの先取りをしてしまうのは、困った風潮だと思います。これも幼稚園や保育園で先にやってくれたら、保護者が「安心」するということなのでしょう。幼児教育では幼児でしかできないことをやってほしいものです。しかし現実には、「幼小連携」「小中連携」という名のもとに、年齢の上の学校から下の学校へ無理難題が降ろされ、本来その年齢の子どもがしなくてもいいことを「させる」ような教育界の圧力があることも事実です。

さて、文字の教育についてでした。

小学校一年生におけるひらがなの指導は、「あ」から順にＡＩＵＥＯの母音を意識させ、一日一文字ずつ教えていけば十分です。あるいは、「の」「め」「ぬ」、「あ」「お」、「は」「ほ」などと似た書き方の文字をいっしょに教える方法もあるでしょう。

ここで、書き順・払い・跳ねなどの書き方、鉛筆の持ち方、字を書く姿勢など、この時期にしか教えられないことを時間をかけて教えていきます。

一学期の終わりまでに、清音（五十音）をまず教え、続いて、濁音・半濁音・長音・拗音・くっつきの「を」「へ」「は」（助詞）、「つまる音」を教え、ひらがなの学びを完成させます。この段階で、幼稚園で文字を学んできた子どもも学んでいない子どももほとんど差はなくなります。学びにとっては「興味」こそが原動力なのですから。

ところが、教科書通りにひらがなを教えようとすると大変です。教えるひらがなの順序はめちゃくちゃで、突然くっつきの「を」が出てきたり、長音が出てきたりします。また、清音を教え切らないうちに、物語文「おおきなかぶ」「おむすびころりん」（光村図書）などが出てきます。ひらがなは教科書通りにやることはお勧めできません。

［国語］高学年になってもカタカナを正確に書けない理由

高学年になってもカタカナが正確に書けない子どもがけっこういます。

その原因は子どもにあるわけではありません。教科書と教える側の問題なのです。

教科書の順で文字を教えていると、ひらがなの順番と同様、カタカナも登場の順番がめちゃくちゃです。何の脈絡もなくカタカナが登場してくるため、教科書通りに教えようとすればするほど教師はきちんと教えることができないのです。また、ひらがなを丁寧に教える教材はけっこう出回っていますが、カタカナを教える教材はあまり見かけません。結局、現実的にはたいした時間をかけずにやっつけ仕事でカタカナを教えておしまいです。それが高学年になってもカタカナを書けないという現象を引き起こしています。

したがって、カタカナを教科書通りに教えることができないので、教科書を離れて教えたほうがいいのです。その教え方も、ひらがなのように「ア」から順に教えるか、「ン」「ソ」「ツ」などと似た形の字を教えるか、どちらでもいいのですが、どちらにしても外来語や動物名、鳴き声や音を表す場合（擬音語・擬声語）にカタカナを使う事例を示しながら教えていくべきでしょう。

「教科書の順番こそ大事」という考えに対し、教科書を批判し、より良い教材を探すべき、自分で創っていくべき――ということを証明するのは難しいことではありません。カタカナ学習の実態を示せばわかることです。

〔国語〕一年生の漢字は絵文字から

小学校一年生の二学期から国語に漢字が加わります。

小学校で覚える漢字は六年間で約一〇〇〇文字。

漢字の書き取り、ドリル、宿題、家庭学習など、多くの人は漢字にあまり楽しい思い出はないと思います。「勉強」と言えば、「漢字と計算」！

しかし、漢字はけっこうおもしろいものです。絵がだんだん変化して文字になったことは興味深いことです（図1）。書き順や「止め」「跳ね」も大事ですが、来る日も来る日もそればかりでは漢字嫌いになってしまいます。

漢字を「絵文字」から教える。一年生の漢字八〇字の多くは、それがほぼ可能なのです。

漢字は教科書に準拠したドリルで、繰り返し書かせて覚えさせるしかないのでしょうか。ドリルを買い与え、何度も書かせる、ノートにびっしり練習させる——そういう学び方しかないのでしょうか。

そこでまず、教科書ではどのような順番で漢字が登場するかを見てみましょう。二〇二〇年度版の光村図書の「国語」下巻からです。

男（七頁）　→　田（二六頁）、力（一二一頁）

見（一七頁）　→　目（七六頁）

玉（七六頁）　→　王（九三頁）

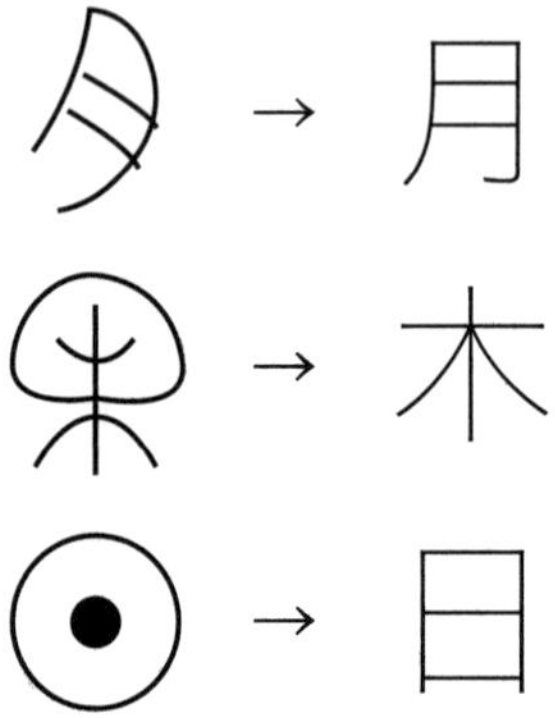

図1

校（一七頁）→ 木（一〇四頁）
虫（一七頁）→ 中（四七頁）

こういう漢字の学び方はおかしくありませんか。たとえば、「田」と「力」を教えてから「男」を教えるほうがすんなりと頭に入ると思いますが、この順番ではわざわざ子どもを混乱させていると言わざるを得ません。

ここに書いたことはまだ学年の中で操作できます。しかし、

空（一年生）→ 穴（五年生）

となると、学年を超えてしまいます。学年を超える問題は、担任の個人の対応では手に負えません。わざわざ漢字嫌いになるように教えて、何になるのでしょうか。

【算数】「繰り上がりのあるたしざん」「繰り下がりのあるひきざん」は絶対に落とせない

どちらも一年生で絶対落とせない学びです。

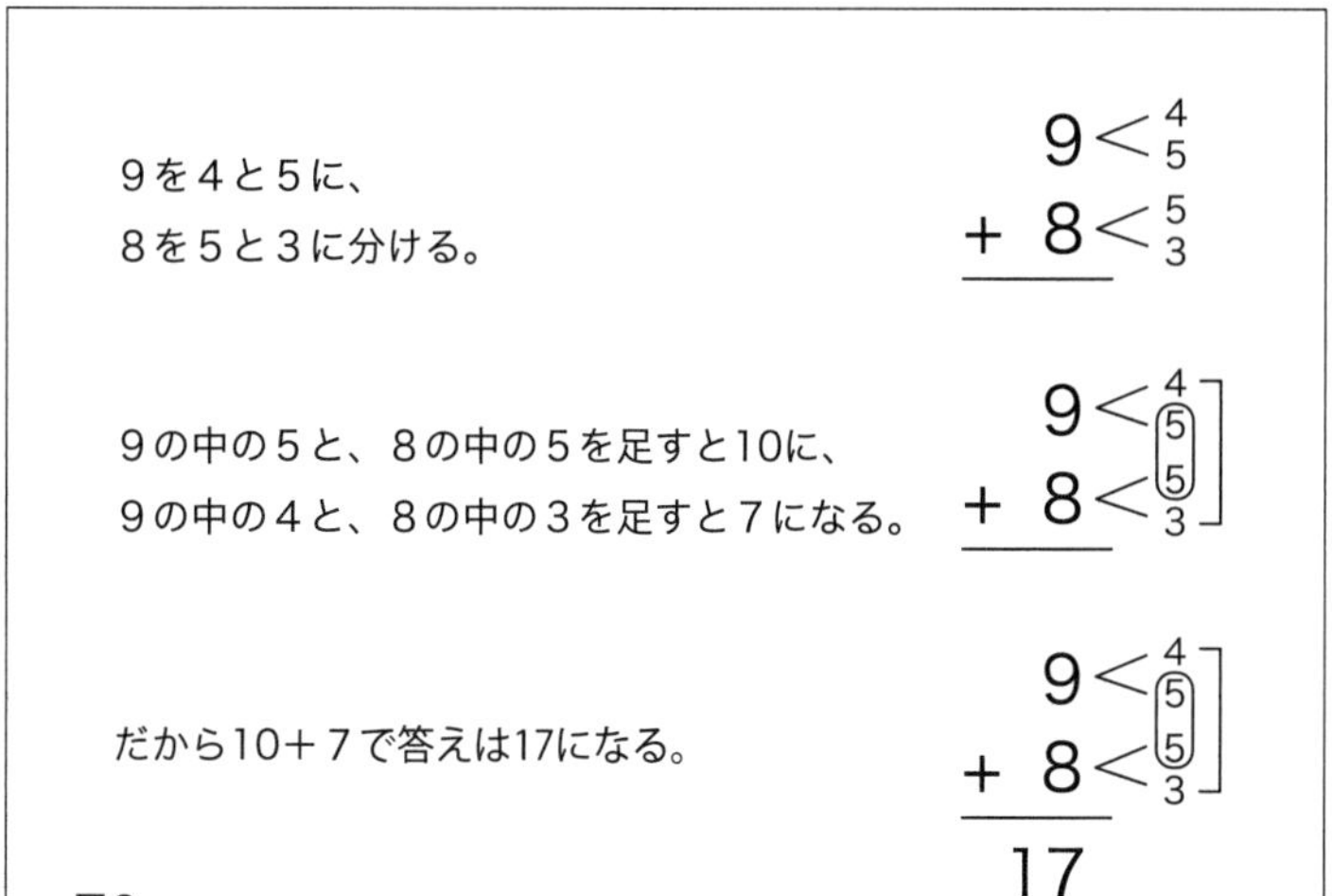

図2

だからと言って、宿題を大量に出して、それでもわからない子どもは休み時間も放課後も残して教える——何と「熱心な先生でしょうか」——とはなりません。

実は、計算にはすばらしくわかりやすい教え方があります。

「水道方式」の一場面、「5・2進法」による繰り上げの足し算です（図2）。この教え方では、授業の中でわからない子どもはほとんどいません。しかし、これほどの優れた方法がありながら、「教科書とやり方が違う」と言われ続け、「水道方式」は歴史的に否定されてきました。

水道方式は、単に「教科書とは違う別の教え方があるよ」ということではありません。数学の考え方の原理をもとにさまざまな場面でその考え方を活用できるように工夫されているので、教える方も学ぶ方もとてもクリアに理解できます。小学校の算数をこの方式で行っていけば、どれほどたくさんの子どもが「わかった」「おもしろかった」と救われることでしょう。

かつては、こういう優れた理論に基づく実践を行う自由がありました。しかしそうした教え方は今はもうできないでしょう。教育界では「多くの子どもが理解できる」ことよりも、教員が「上の決めた教え方で教えているか」「教科書通りに教えているか」ということが優先されるからです。

〔算数〕無理難題の時計の学習

算数を教科書通りに教えていると、とてもおかしな教え方をしなくてはならない場面が出てきます。

「数の位取り」を教えるならば、0～9をまず教え(1位数)、その後に10～99の数(2位数)を教えます。これが定石と言えますが、あるいは1～10を教え、その後に11以上の数を教える方法があります。この場合、13を１０３と書く子どもが出てくる場合があります。10を一つの文字と考え、10と3だから１０３なのです。後者は教科書の教え方ですが、最近の教科書はさらに困ったことに、12までを区切って教えるようになりました(教育出版)。

なぜ、12までが一区切りなのか。12と13の間に何かがあるのでしょうか。実はその後に「時計」の学習が出てくるのです。時計は12進法なので、教科書は位取りも何もかもかなぐり捨てて、時計に合わせて学習を進めているのです。

時計の学習は、
①～時、～時半

②（午前・午後）～時～分

③～時～分から、～時間～分後（前）はいつ？

　というように進められています。

時刻と時間の違いを理解させるのですが、〈ゆとり教育〉の時代には、①は一年生、②は二年生、③は三年生の学習でした。それでもけっこう難しい学習でした。

　理由は、先に見たように、時計は10進法になっていないからです。分は60進法、時間は12進法、しかも午前と午後があるのです。

　これだけでも難しいのに、今では①と②とも一年生の学習になりました。

　これでは無理な学習を子どもにさせていると言わざるを得ません。短針が11を指すと11時、しかし長針が11を指すと55分、それは5分×11＝55分で導き出されます。かけ算を知っていれば何でもないことなのに、それをあえて（かけ算を知らない）一年生に教えることが問題なのです。

　教え方がどうだという問題ではありません。大本の「学習指導要領」（日本中の子どもに、何年生で何を教えるかを示している）に問題があるのです。学習指導要領は、教員が「信じるもの」「従うもの」ではありません。現場の教育をよくわからない「学者」「官僚」たちか、さもなくば時の政策の必要性から彼らが決めたものです。あくまでも、批判検討しながら、本物は何か、子どもに合致した学びは何かを追求していくことにこそ教育の醍醐味があります。

［図工］低学年の子どもは見たままの絵を描かない

写生（絵画）について触れておきます。低学年の時期の子どもの絵の描き方の特徴についてです。子どもたちは、（本来あるけれど）見えないところも描きます。「大きなかぶ」を引っ張る絵では、土の中のかぶも描くことがあります。列車の絵では、中にいる人も描くことがあります。運動会の玉入れの絵は、空から見て、籠を真ん中にして、玉入れをしている人々が寝そべっているように描くことがあります。

「見たまま」ではなく、「説明しやすいように」描いているように見えます。

一頭の牛を描きに行っても、そのとき追いかけたトンボを巨大に描く子がいました。一番、興味があったものがトンボだったのでしょう。

こういう見方は、大人の判断で切り捨てるべきではありません。「家よりヒマワリが大きいわけはない」とか、「太陽に顔がついているわけがない」などと、理詰めで責めるべきでもありません。

考えてみると、「見たままを描く」というのは、ずいぶん視野が狭いとも言えます。子どもが感じたままを描く、興味を持ったことを大きく描く、説明しやすく描く、あらゆるものに命があるように描く……。こんな世界に子どもたちをたっぷりと浸らせることは大事なことだと思います。

古代エジプトの絵も、縄文時代の土偶も、東洲斎写楽の浮世絵も、私たちの描いている絵や工作とは違います。私たちの描こうとしている絵は、ルネサンス以降のヨーロッパの絵を基本にしており、それを子どもたちに伝えようとしているのです。レオナルド・ダ・ビンチの『最後の晩餐』の遠近法、『モナリザ』の遠方をぼかして描く技法を身につけ、それを唯一の技法だと思い込んでいるのです。

しかし、そういう技法を教えるのはもっと後からでいいと思うのです。子どもが「ああ、おもしろい」「こんなところを見て」というような、「子どもが伝えたいこと」を描いてもらうことが大事です。幼稚園などで絵の描き方を細かく教え、園児がみな同じような絵になっているのを見たときなど、私は「子どもがかわいそう」と思えたものです。

【生活科】「アサガオさん、かわいそう、傘をさしてあげるからね」

生活科についても触れておきましょう。

一九八〇年代まで「生活科」という教科はありませんでした。理科と社会科が一年生からあったのですが、それが生活科に変わりました。

理科は自然認識を育てる学びです。植物を育てるのに、たとえばアサガオの場合なら、タネ～子葉～葉～花～タネという一生と、次の世代の橋渡しがあること、発芽に温度と水が必要なことなどを教えていきました。ほかにも磁石や糸電話などの実験を通して「見えないものの存在（磁力・音）」という自然認識を育んでいきます。

社会科は社会認識を育てる学びです。地域をフィールドワークするにしても、生産の地域（農家や水産業の地域）、消費の地域（商店街）、住宅地などに分けて考えさせ、生産から消費までの流通を理解させました。

生活科が始まったころの教科書には、驚きました。雨が降ったら、「アサガオさん、かわいそう」と傘をかけてやる、アリの観察をするのに「アリさんみんなで一列になってえらいね」という感想を持つことが求められているのですから。理科では、「植物は水がなければ育たない」とか、仮説実験授業のテキスト『足はなんぼん？』などを利用して、すべての昆虫に共通の体の仕組みを教えてきたのに、この落差です。

今では、さすがにそこまでおかしな教科書はありませんが、基本的には変わりません。フィールドワークでも、子どもたち同士で街を探検し、お店に入ったら「お礼を言おう」の練習ばかりさせる。だから、「生活科」は「第二道徳」と揶揄されました。生活科のこの毒素をどうやって抜いて、自然認識や社会認識を育てるか。低学年理科・社会科を経験したものの悩みどころであり、やりがいのあるところでもあります。

ところで、現在の生活科では、ほとんど社会認識を育てる教材がなくなっています。たとえば二〇二〇年度版・東京書籍では「みんなでつかうまちのしせつ」と「もっとなかよくまちたんけん」だけしかありませんが、三・四年生になった瞬間に「四七都道府県を覚えろ」ですから乱暴の極致と言えます。

［生活科］環境教育は生活科で

理科と社会科は、自然や社会の一面を切り取って、それを分析し、その仕組みを理解する教科です。しかし、低学年の子どもには自然や社会を丸ごと感じることも必要です。

話を大きくしますが、私たちの生きる地球は、子どもたちへ、さらにはその子孫たちへと、残していかなければなりません。

しかし、ここ数十年間、いわゆる「先進国」と自称する国々が、「今の自分たちの便利さ」を求め、環境を破壊してきました。ここに「環境教育」の必要性があります。

高学年の環境教育だったら、酸性雨だ、地球の温暖化だ、原発だという学習になっていくでしょう。いや、原発の授業はなかなかできません。原発は危険だなどと言ったら、教育委員会からすさまじい圧力がかかるでしょう。

一方、低学年の環境教育ではまずしっかり自然と触れ合う学びが中心になります。今の子どもたちは遊びと言えば、ゲームばかりなので大人が意識的に自然に触れさせなければ、子どもたちは自然と乖離したままの生活になっていきます。

ただ、自然は美しくてすばらしい、自然保護が大切だ——というのは、本当の自然を知らない〝大人好み〟の了見の狭い自然観です。台風だ、雪崩だ、地震だと、自然はときどき、人間に猛威を振るうことだってあります。子どもたちには、さまざまな自然の形を体感させなければならないでしょう。

2　二年生の学びから

［国語］漢字は部首ごとに型分けすれば楽

漢字学習は小学一年生から中学校・高校まで続きます。

諸橋轍次『大漢和辞典』には五万もの文字があるそうですから、漢字学習にはほとんどきりがありません。

漢字学習こそは「勉強（勉めて強いる＝がんばりを強制する）そのもの」という感があります。これをどうやって学んでいくのか、小学校のうちから対策が必要です。

小学校では、

一年生　八〇字
二年生　一六〇字
三年生　二〇〇字
四年生　二〇〇字
五年生　一八五字
六年生　一八一字

の漢字を教えます（二〇一八年度現在）。

しかも一つの字に「音読み」「訓読み」「書き順」「止め」「払い」「跳ね」と教えることがたくさんあります。たとえば「行」という文字ですが、「修行《しゅぎょう》」「銀行《ぎんこう》」「行灯《あんどん》」……と読み方がたくさんあります。

実は中国では原則、読み方は一つしかありません（ただし「行」は xíng と háng の二つの読み方がある）。日本でこんなに読み方があるのは、日本に伝わってきた時代が違うためです。

修行の「ギョウ」という読み方は五～六世紀頃、中国南部から渡来人などによって伝わってきました（呉音）。銀行の「コウ」は七～九世紀頃、中国北部から遣唐使などによって伝わってきました（漢音）。「行灯」の「アン」は一〇世紀以降に禅宗のお坊さんが伝えた言い方です（唐音）。そういう歴史経過がいくつも重なって現在の読み方ができたのです。

そんな漢字をどうやって教えるのか。一般には、ドリルを保護者に買わせ、家庭学習をさせて覚えさせるのでしょう。ドリルは必要不可欠なものではないのに、今や購入することが当たり前になっています。

「小学一年生」のところで、「田」を教えてから「男」を、「目」を教えてから「見」を――と、〝易〟から〝難〟に進むようなことを提案しました。

また、小学一年生ではほとんど絵文字（象形文字）から教えられる――と言いましたが、二年生以降はさすがにそうとばかりは言えません。そこで、各学年で学ぶ文字を「へん」「かんむり」「つくり」「あし」「にょう」「かまえ」などをもとにした部首に分け、系統性に磨きをかけて教えていきます。また、「河」が、意味を表す「水」と音を表す「可」のような「形声」の考え方から成ることを教えると漢字の見方がグーンと広がります。

このとき「止め」「払い」「跳ね」などは一応説明はするものの、あまりこだわらないようにします。きれいな文字を書く「書写」では丁寧に説明しますが、日常の漢字学習ではたとえば「天」という漢字の一画目と二画目の長さが違ってもＯＫです。「未」と「末」は意味が違いますから認められませんが。漢字には本来、そのくらいの柔軟性があるものです。書き順も、金科玉条のものではなく、一応の目安だったのです。それを教員がまじめすぎるのか、いつの間にかガンジガラメの漢字学習にさせられてしまいました。

だれか〝お上〟の権威が必要だというのなら、阿辻哲次『漢字を楽しむ』（講談社現代新書）をひもといてみてください。一九五八年に出された『筆順指導の手びき』（文部省）に「ここに取り上げなかった筆順についてもこれを誤りにするものではなく」とあり、一九四九年の『当用漢字字体表』(内閣)に「点画の長短・方向・曲直・つけるかはなすか・とめるかはねるか又はらうか等について、必ずしも拘束しないものがある」とあるそうです。安心してください。

〔算数〕計算は暗算よりも筆算で

二年生の学ぶ数は、4位数(千の位の数=9999まで)まで広がります。教科書的には「1万まで」学びますが、このあたりは教科書とうまく妥協しながら教えることが必要です。

ただし、教科書の困ったところは、暗算が基本にあり、暗算が困難になったら筆算を学ぶというスタンスであることです。暗算がいよいよ困難になる段階は、個人差がずいぶんあります。それならば一年生のたし算・ひき算の段階で位取りの意味を教え、それと同時に、筆算を教えたほうが子どもにはわかりやすいと思います。

教科書との妥協をはかるのなら、筆算で計算の理屈をみんなに理解させてから、順次、暗算のできそうな子どもから暗算にいく。しかし、どうしても暗算が苦手な子どもには「筆算ができれば大丈夫だよ」と声をかければいいのです。

この暗算のせいで、どれほどの子どもたちが苦しんでいることでしょうか。本当に低学年のうちから、大量のドリル・練習問題をさせられ、宿題をさせられます。教員が教科書を批判して教え方を工夫すれば、そんなつらい目に遭わせなくてすむのです。

［算数］これはわからない、交換法則・結合法則

2位数＋2位数のたし算を教えた後、その単元の最後に、

交換法則　○＋△＝△＋○

結合法則　○＋△＋□＝○＋（△＋□）

が出てきて、特に結合法則を理解させるのに手間取ります。

「こんな難しい問題、二年生の一学期から、やめてくれよ」と思っているのは私だけではないと思います。中学校の「文字式と法則」を小学校二年生から扱っているのです。

この後、分数や少数など、「数の世界」が広がるたびに、「交換法則」と「結合法則」が登場しますが、明らかに子どもの発達を無視して進めています。かけ算の学習の後には、

（○＋△）×□＝○×□＋△×□

の「分配法則」も出てきます。ここはあまり根詰めないで、サラッと流したいです。「算数」嫌いを作るもとになってしまいますから。

［算数］かけ算（九九）は必ず覚えさせる。意味も理解させる

二年生の学びで大事なのは「かけ算（九九）」です。「かけ算（九九）」こそは、その後の学びの基礎になります。

ここを「時数が○時間だから」と言ってお茶を濁していたら、あとあと「算数がわからない」子どもたちがたくさん出てしまいます。若い教員が「かけ算（九九）」をしっかり覚えさせないまま、上の学

年に上げてしまい、以後の子どもたちの学びに影響が出る場面を私は何度か見てきました。「かけ算（九九）」は完全に覚えてもらわなければなりません。

ただし、1～9の段を完全に暗記することと、かけ算の意味を理解することは全然違います。

> 三りん車が5台あります。タイヤは何本になりますか。

の式、わかりますか。

① 3×5＝15

② 5×3＝15

③ どちらも正解

かけ算は「一つ当たりの量」×「いくつ分」という式にしなければなりません。したがって、正解は①です。かけ算の意味の理解が伴わなければ、「学び」の本質とかけ離れてしまいます。

> いかの足は10本あります。いか11ぱいでは、足は何本でしょうか。

この問題で、子どもたちは「エーッ、10の段なんかあるの?」と言ってきます。

ほかには、

4×0＝4

という計算をする子どももいます。

どれも、「一つ当たりの量」×「いくつ分」の意味がわかれば対応できます。

なお、「かけ算」の意味をまったく理解できていない「学力」を恥ずかしげもなく披露している自称「知識人」が日本にはたくさんいて、教育界で幅を利かせています。

小学校の学年×一〇分＋一〇分＝家庭学習の時間

の運動を進め、全国「学力」テストの点数を上げようという人たちです。

こんな公式が成り立つかどうかなど、何も証明されていませんし、二年生のかけ算学習を知っていれば、

一〇分（一つ当たりの量）×小学校の学年＋一〇分＝家庭学習の時間

と逆になるはずなのに、それもわかっていません。この考え方が全国でだれからも批判されないまま、教育関係者によって公然と広まっているのですから、日本の「学力」も地に落ちたものです。

［算数］L（水の量）についての説明がない

二年生の算数では、長さ（センチメートル）や、水の量（リットル）を学習します。

長さについては、次のように教科書は説明しています（二〇二〇年度版・教育出版）。

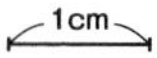

右の長さは1センチメートルです。1センチメートルは1㎝と書きます。

ここから発展してミリメートルも教えるのですが、長さを具体的に示しており、これなら意味がわかります。

ところが、水の量は、

> 水などのかさをはかるには、1リットルますをつかいます。1リットルは1Lと書きます。

と説明します。いや、1リットルがどういう量なのか、何も説明していません。そのあとに、1リットルを10個に分けた一つ分を1デシリットルというとか、リットルやデシリットルの計算も出てきます。しかし、大本の「Lってどれだけ」ということを教えないのです。みんなそれを知らないで、日本中、リットル、デシリットル、ミリリットル、キロリットルなどを教え、ドリルを解かせ、水の量を知ったつもりになっているのです。大本の意味を教えないで何が学力かと言いたいところです。

私は、縦10センチメートル、横10センチメートル、高さ10センチメートルの入れ物に入る水の量を1Lと教えてきました。

なお、「水のかさ」の学習ではリットルをもとにミリリットルも教えます。しかし、1／1000の概念は二年生では教えていないので練習問題でたたき込むしかないというのが現状です。

［算数］「直角」を説明できますか

小学校二年生で、「長方形」「正方形」「直角三角形」という形を教えます。

これを説明できる大人はどれだけいるでしょうか。

ポイントは「直角」を見つけることです。

・四つのかどが直角な四角形（長方形）
・四つのかどが直角で、四つの辺の長さが等しい四角形（正方形）
・直角のある三角形（直角三角形）

この三つの形を見分けること、定義を押さえることが求められます。

しかし、「直角」とは何でしょうか。二年生では角度はまだ習っていません。教科書では「ノートのかどにぴったりかさなる形」（二〇二〇年度版・教育出版）というように教えていますが、それで納得できたという人はいるでしょうか。

水の量にしても直角にしても、大本がこんなに脆弱な理論で成り立っているのです。

［体育］ゲームを楽しむために技能を高める

「体育」という教科は何のためにあるのでしょうか。

「規律」を叩き込むため？　そもそも体育には戦前の軍事訓練が根っこにあることを知っているでしょうか。

体操（体育）は**森有礼***が文部大臣だった明治政府の時代、軍隊の訓練に合わせ作られたものです。「前へならえ」という等間隔で手足を動かす隊列運動とは何のために行うのか、私たちはまじめに考えなければなりません。

体育は本来「健康で文化的な生活」（憲法二五条）をおくるために行うべきです。

ただし、ドッヂボール、ソフトボール、サッカーなどを楽しむためには一定の技能が必要です。ボールの投げ方、転がし方、蹴り方、跳んだり走ったりする俊敏な動き……。ほかに試合を有利にするための作戦も立てなければなりません。それらがなければ、そのゲームの面白さは体得できません。その技能の高め方をめぐってさまざまな指導法があります。

さらに、こうしたゲームには世界のいろいろな民族文化が背景にありますから、それを楽しんでもいることになります。

「能力別に分けろ」「男女別にしろ」「根性を鍛えろ」「(作戦で)うまい子どもだけにパスを回せ」「苦手な子どもはボールに触れるな」となってしまうゲームは「健康で文化的な生活」とはほど遠いところにあると言わざるを得ません。

「上手な子どもには手を抜け」？　そうではありません。

ドッヂボールで球を二個使うとか、キックベースボールで範囲を超えてボールを飛ばし過ぎたらアウトにするとか、バスケットボールでは三分ごとに二人ずつ交代で休ませるとか、ルールを「みんなが活躍できる」ように変えればいいのです。

［図工］画用紙の大きさなんてとっぱらえ

二年生の「図工」から、絵の具を使うようになります。

絵の具は、不思議な道具です。色の混ぜ方、水の量などを調節することで、千差万別の色を作ることができます。

しかし、絵の具の使い方を失敗すると、本人もつらくなるような作品しかできません。かつて「**キミ子方式***」という技法が流行ったことがあります。使う絵の具は「赤」「青」「黄」の三色（ほとんどの色は本来、この三原色の割合から成り立っています）と、場合によってはそれに「白」を加える。基点を決めて、後は「隣へ」「隣へ」と描いていく。画用紙の大きさが足りなければ、足していく。

四つ切り・八つ切りなどの画用紙の大きさは、機械の都合で切った大きさにすぎません。当たり前ですが世界の芸術品はそれよりも大きいものもあれば、小さなものもあります。

このキミ子方式であれば絵が苦手な子どもでもある程度のレベルの絵が描けるようになります。ただ、「隣へ」「隣へ」方式ではなく、全体を見て、部分を描く技法が向いている子どももいるし、頭の中に全体が入っていて、それをいっぺんに描く子どもだっています。「キミ子方式」はすばらしい方法ですが、万能ではないということです。

［図工］低学年の絵画指導ってなにが正解？

二年生の生活科で観察した「ひまわり」を描くことがよくあります。あらかじめひまわりの写真を撮っておいて、それを教員が教室で子どもたちに見せながら、二、三週間かけて教員好みの見栄えのいい作品になるまで描かせるのです。しかし、ひまわりの絵を「実物通りに描かせる」こと自体、二年生にはそうとう無理をさせているのではないかと思うことがあります。

「（約一カ月間練習した）学芸会の劇の絵を（クレヨンで）描いてみて」と言ったことがありました。気合を入れて、集中して取り組んだ劇、お互いの身振りや発声の仕方を確認し合った劇、それらは子どもの頭にガッチリ入っていて、映像化されていました。「ここは何色を使えばいいの」とか、「どう描けばいいの」とか、「写真を見せてくれ」という言葉はなく、だれがどこにいて、このときだれがどういう演技をしたか——をみんなよく覚えていて、頭にある映像をただただ紙に映し出していく、そんな時間になったのです。写真を見ながら教員に〝描かせられる絵〟とはまったく別の絵の世界がありました。

〔図工〕楽しければよいのか、現在の工作

この二〇年ほどの小学校の工作は「楽しんでつくって、ゴミを大量に出しておしまい」と言われるものでした。その前——二〇年以上前——はどうだったのでしょうか。たとえば六年生の図工の教科書『子どもの美術6』（一九九三年版・現代美術社）のあとがきには、

「ものには、見えるものと、見えないものがあります。
人には、目に見えるものをかいたり作ったりしながら、実はやさしさとか真実とかいった、目には見えないものを表わそうとしました。——見えるものを通して、見えないものを表現したかったのです。」

とあります。技術を身につけ、何気なく見ているものを注視し、それを表現していく高い精神性につなげようという視点が教科書全体から感じられました。こういう視点は『子どもの美術*』が突出していましたが、ほかの出版社の教科書も表現する視点を重視していました。

それが今では図工は「楽しければいい」という感覚となっています。「楽しければいい」という感覚は、本当は子どもに寄り添ったものではありません。「子どもは楽しければ喜ぶ」のではなく、見えな

いものをうまく表現できたときに本当の「喜び」を感じるのではないでしょうか。

3　三年生の学びから

［社会科］地域探検がないとは

三年生から始まる教科に、社会科・理科があります。

三・四年生の社会科は基本的に題材が自分たちの住む地域にあります。地域をフィールドワークしながら、社会がどう成り立っているのか、認識していくのです。これが五年生では日本の産業、六年生では日本の歴史や政治の仕組みと広がっていきます。

しかし、最近、驚くべき教育が増えています。

・地域をフィールドワークして、地域の全体像をつかむ。
・地域をフィールドワークして、地域の歴史をつかむ。
・地域をフィールドワークして、公共の仕事（水道・電気・ゴミなど）をつかむ。

三・四年生の社会科で、右に挙げたようなフィールドワークをしないのです。何をするかと言えば、フィールドワークの代わりに教科書で地域学習を行うのです。子どもだけではない、教員も行ったことのない、遠いどこかの（教科書に載っている）街の歴史や、水道・電気・ゴミの統計を学ぶのです。そして、その教科書に準拠した市販テストを保護者に買わせて、おしまい。こんないい加減な社会科教育があるでしょうか。こんないい加減な授業のために、保護者はテスト代を支払うのでしょうか。

本来は三・四年生の社会科は全国一律の市販テストを使うべきではありません。自分の地域に合わせた教材をつくり教育評価を行うべきなのです。教育もとうとうここまで来たかという感じです。

［社会科］教科書に準拠した副読本ならいいのか

地域によっては、三・四年生で自分たちの住む地域を学べる社会科副読本を作っているところがあります。「教育にかけるお金がない」地域は、副読本がなかったり、一〇～二〇年前の副読本を学校に保管して使い続けているところもあります。

副読本を使用することは、「知らない地域を教科書通りに学ぶ」という、およそ社会科教育ではない方法よりは何倍もまともです。それを押さえた上の話ですが、この副読本、教科書に準拠しすぎの地域があります。たとえば地域探検が「神社」探検から始まるものがありました（二〇一八年度版・教育出版。二〇二〇年度版では寺になった）。なぜ、神社なのか。神社参拝の教育は、戦後の民主教育で否定されました。これが天皇を神とする戦前の皇民化教育の原動力になったからです。それを復活したい政治勢力が忍び込ませたのでしょうか。何らかの政治意図が感じられます。

教科書的に進めれば、ゴミ調べ・電気調べ・水調べの学習は、「私たちは電気や水を使い過ぎないようにしましょう。また、ゴミはきちんと分別しましょう」で終わってしまいます。それもたしかに必要なことですが、個人の「道徳」を学んでいるのではないのです。憲法二五条に「国は……公衆衛生の向上及び増進に努めなければならない」とあるように、それは行政の仕事です。人々から税金を取っている代わりに、資本主義経済の活動に任されない部分を、公共の仕事として保障するのです。水も電気もゴミも採算が合わないからとやめてしまっては地域社会は成り立ちません。行政の仕事を学ぶ単元を個人の「道徳」にすりかえる教科書。このすりかえにだまされたまま授業を行うべきではありません。

副読本での**地域の歴史学習***は、地域のために尽くした二、三人の「偉人」を扱っておしまいにされることが多いです。歴史における「人物」の役割は重要ですが、「人物」は歴史の一部に過ぎません。社会の変化を現在どう評価し、どういう社会を目指さなければならないかを学ぶのが地域の歴史学習です。また、歴史には負の歴史もあります。そういうことも総合して歴史学習を行いたいものです。

［理科］地域差があるのに教科書と市販テストに頼るのか

理科のうちの「化学」と「物理」の部分は、いつどこでだれが実験・観察しても同じ結果になります。しかし、「地学」「生物」の部分は必ずしもそうとは限りません。

ここにも、社会科と同様の、教科書準拠で理科を行うことの問題点があります。地域によって題材に違いがあるからです。

三年生の理科には「春を探そう」という単元がまず登場します。「桜が咲く」――ああ、いかにも日本の春だなあ（これだけでも、日本の文化をステレオタイプに押し付けている感があります）――と言っても、そもそも、桜の咲く時期が沖縄と北海道では全然違うのです。しかも、津軽海峡以南はソメイヨシノ、北海道の大部分はエゾヤマザクラ、北海道東部はチシマザクラが基準になります。

二月三日が節分で、二月四日に立春だというのは、中国の黄河中流域周辺の季節感です。日本の暦は中国から入ってきたからそういう見方になるし、「桜の下での入学式」などと言うのは、東京の話でしょう。北海道の子どもたちには冬から春にかけての地域の季節の移り変わりをじっくり観察させたいものです。

そのように教科書で「理科」を行うと、その地域にはいない、子どもも教員も見たこともないような昆虫や植物を扱うことになります。そして社会科同様に、教科書準拠の市販テストを保護者に買わせて、それを子どもたちにやらせて評価しておしまいになります。

要は、昆虫観察も植物観察もしないのです。見たこともない昆虫・植物の写真や観察記録を暗記させて、テストをしているだけです。「地学」と「生物」ではあくまでもその地域の題材を扱うべきです。

ところで、なぜ、社会科でも理科でもこのような本来の「学び」からかけ離れたことを教員は行うのでしょうか。

それは、教員の不勉強とばかり言ってはいられません。

第一章で示した「観点別評価」という存在が大きいのです。観点別評価のような抽象的な評価は、日本中だれにもできません。しかし教育委員会からは「評価しろ」と指導されます。それでは、何かに根拠を求めるしかないではありませんか。市販テストの観点別評価は〝怪しいもの〟ですが、少なくとも点数化できるので、何か知らないけれど、みんなこれを「正しい」と思い込むことにしているのです。そうすると、観点別評価～市販テスト～教科書通りとなっていって「本来の学び」からはかけ離れていくのです。

［理科］コペルニクスもびっくり、天動説を教える

太陽がのぼるのは東、沈むのは西。ここまでが三年生の理科の学習です。しかし、子どもたちにさらに聞きました。太陽が沈んだら、太陽はどこに行くの？　そして、どうして朝になったらまた東から太陽が出るの？

この問題、三年生の力では無理だと思い、「次の時間までの宿題！」と出したことがありました。大・大・大失敗でした。保護者から「そんなの地球の周りを太陽が回っている（つまり天動説）からに決まっているじゃないか」、「そんな難しい宿題、出すなよ」と言われて大変でした。

大人でも、**コペルニクス***や**ガリレオ***のお話を知っている人はあまりいないし、地動説が現代人の常識だという考えも違うのではないかと思いました。

私たちは小学校で太陽を観察し、太陽は東からのぼり西に沈む（ように見える）と、天動説に基づいて学んできました。そして中学のときに、太陽や地球の模型を使って、地球の公転や自転を学びますが、これが小学校の学びとつながっていないのです。あるいは、中学の理科が難しそうで避けてきた人々には天動説しか頭に入っていません。これは公教育の欠陥です。

［理科・社会科］東と西を説明できますか

三年生の社会科は、方位をもとに地域の町探検から始まります。

三年生の理科でも太陽ののぼる方角と沈む方角を学びます。そのときに習う四方位（東西南北）とは何か、説明できるでしょうか。

①太陽ののぼる方位が東。沈む方位が西。東の左が北、右が南。
②方位磁針のN極が北、S極が南。
③南極の方位が南、北極の方位が北。

この中で方位の原理を述べている文章は③です。しかし、三年生では①も②も結果として正解としておいていいかと思います。

地球の**子午線***に対する角度が方位で、子《し》と午《ご》を結ぶ両端が南と北。直角に交わる地点を東と西と言います。ところが、地球は巨大な磁石なので、N極は北、S極は南を指しますが、数十万年経つと極が変わります。また、地球は一日に一回、西から東に向かって自転するので、太陽は見かけ上は東からのぼって西に沈むように見えますが、太陽がのぼる地点、沈む地点は季節によって違いがあります。

［理科］太陽の光の学びを一一月に行ってどうする

宇宙で一番速度の速いものは「光」です。光は天体までの距離を測る基準にもなっています。三年生の理科ではその光の性質を学習します。たとえば「ものによる日光の通しやはね返し方」です。ところが、教科書通りに教えると、この単元は一一月の学習になります（二〇一八年度版・教育出版）。一一月では、たとえ晴れた日であっても、黒い紙にも、白い紙にも、日光の当たる温かさはほとんど変わりません。光の学びは、六～八月の温かい季節、日光がよく当たる時期を選ぶべきです。

実は、季節外れの学びは、理科ばかりではありません。国語の『**かさこじぞう***』はお正月の少し前に、『**おにたのぼうし***』は節分の季節に、『**雪わたり***』は一番寒い季節の教材にしたいのに教科書の配列はそうなってはいませんでした（教育出版）。

教科書の配列と、本来の「学び」としての配列のどちらを優先すべきかは教員が悩むところです。かつては本来の「学び」の配列を優先する教員が多くいましたが、現在は「教科書の配列どおり」とする人が多いのです。これは中学校に行けば、もっと顕著で、定期的な全国テストに合わせて学習しなければ、「点数学力」が下がり、たちまち保護者から苦情が来て、教育委員会の怖い「指導」がきます。「指導」のあとは学校は教育委員会の監視下に入ります。

〔国語〕めちゃくちゃな習字の指導

三年生から、「書写」で習字が始まります。

日本の教育が、一般の子どもたちにまで広がったのは、江戸時代後半の**寺子屋***からです。『**庭訓往来***』という本が「初めて読み書きを学ぶ子どもにピッタリのテキスト」とされ、寺子屋の師匠はそれを読み、お手本にさせ、子どもたちがそれを書き写すという授業を行っていました。

この古い伝統が、今の「習字」につながっていきます。ただし、「その教え方、いいのか」というものがあります。

一つは、左利きの子どもに対し、無理やり右に筆を持たせる方法がまかり通っていることです。かつて、鉛筆や箸の使い方も「矯正」という名目の「強制」で「右手でさせる」ことが多くありましたが、左利きは本人の個性ということで、そういう指導の仕方は時代とともになくなっていきました。しかし、習字に関してだけは、いまだに左利きの人にも筆を右に持たせる「指導」が行われています。左利きの子どもが急に「右で書け」と言われることが、どれほど苦痛であるかわかっているのかと思います。

もう一つは、教科書の手本をそのまま半紙大に拡大コピーして子どもたちに配り、それを下敷きにしてそのまま手本を写させるという「驚き」の指導があります。いや、驚いているのはごく一部の人で、これはけっこう一般的な指導方法のようです。「教科書の文字がもっともよい」という「信仰」――それを百歩譲って認める（私は認めません）にしても、清書もなぞった文字を提出するだけという指導もあります。

筆の入り方や止め方・跳ね方・払い方などを教えるにしても、その文字を書いて表現するのは、その子ども自身です。習字は、その子どもが表現する場でもあるのです。勢いよく書くのか、ゆったりと書くのか、鋭く書くのか、本人の利き手で、本人の意思によって、文字を表現させるべきでしょう。

［算数］わり算も筆算で

三年生の学習で、完全に理解させなければならない学習に「わり算」があります。「わり算」の前提には、当然、かけ算（九九）と繰り下がりのある引き算があります。それらをきちんと理解させなければなりません。

わり算では「1当たりの量を求める」ことを押さえさせますが、その計算法は、「横式で答える」→「暗算が限界になったら筆算」という教科書の教え方ではなく、いかなる計算も、「たてる」→「かける」→「ひく」→「おろす」の筆算で一貫して教えたいです。

	1000倍	100倍	10倍	基本単位	10分の1	100分の1	1000分の1
	k	h			d	c	m
長さ	km			m		cm	mm
重さ	kg			g			mg
量	kL			L	dL		mL

図3

〔算数〕単位のもとはフランス革命にあり

長さは二年生で「ミリメートル」「センチメートル」「メートル」を教え、水の量は「ミリリットル」「デシリットル」「リットル」を教えました。三年生では、これにキロメートルも加わります。社会科で、町と町の距離を説明したりするので、必要な単位になります(図3)。

メートル法という基本単位ができたのは、**フランス革命***のときです。地球規模の普遍的な単位が作られました。長さのmは地球一周の四〇〇〇万分の一とされています。

4　四年生の学びから

〔算数〕1兆㎝ってどのくらいの長さ

四年生では、「億・兆」の位の数まで教えます。普段は、兆の位などお目にかかることがなく、日本の借金が1000兆円に達するというときくらいしか見ない数です。

10進法位取りは、どんな大きな数も0〜9の10個の文字を使って書き表すことができる（インド・アラビア数字）ので、大変便利です。しかし、「便利はとんでもないことを引き起こす」ということがよくあり、１桁０をつけ忘れると、大問題になるように、量の認識がどこかに吹っ飛んでしまいます。

　１００００００００（１億）という数を、量として実感してもらうにはどうしたらよいでしょうか。「１０００万を10倍した数だね」だけでは（たしかにそれはそうなのだが）、とんでもない誤解を招きます。子どもたちに１㎝（子どもの爪の幅くらい）の長さを理解させて、１億㎝の長さを想像させます。「教室のはじからはじくらいかな」「学校のはじからはじくらいかな」という意見がほとんどでした。学校のはじからはじは、１００００㎝（１００ｍ）くらいに過ぎませんでした。１億㎝は１０００㎞なので、北海道から直線で大阪くらいまでの距離になります。いや、地図帳を使いこなせておらず、北海道と大阪の位置もあやふやです。

　四年生では、さらに１億の１万倍の１兆の位も学びます。１兆㎝は１０００万㎞になります。地球から月までの距離は30万㎞ですから、その30倍余りとなります。

　四年生にとんでもない数字を教えるものだと思いながら、日本の借金の量、そのうち、日本を腐らせ、破壊するものになると考えるとそら恐ろしくなります。

［社会科］三・四年生で「四七都道府県の名称と位置」を覚えろとは

　大人で「四七都道府県の名称と位置」をすべて覚えている人、どのくらいいますか？　おそらく一パーセントもいないでしょう。

しかし、これを小学校三・四年生の社会科で要求するのです（文科省の社会科指導書に載っています）。まじめな教員はドリルをやらせたりパズルにして一生懸命覚えさせます。

「四七都道府県の名称と位置」は知っておいたほうがいいかもしれませんが、別に絶対知らなければならないわけではないでしょう。だいたいの場所がわかり、あとは地図帳で調べられればそれで十分です。

しかも三・四年生の社会科は、自分の住む街（市町村）を中心にして社会認識を育てていきます。ここで唐突に「四七都道府県の名称と位置」を覚える必然性はまったくありません。まるで社会科嫌いを増やすためにさせているとしか思えません。

保護者にも教員にも言いたい。こんな無理難題に大まじめに取り組まないでほしいと。五年生で日本の産業学習、六年生で日本の歴史を扱います。この五・六年生のときに教えるのがタイムリーですが、それにしても「これでもか、これでもか」と教え込むことはやめたほうがいいと思います。社会科が「社会科学」ではなく、「社会科が苦」となりますから。

戦後、ずっと四年生で配布していた地図帳も三年生で配布することになりました。三年生は自分の校区をフィールドワークするところから始まるのに日本地図・世界地図を与えるのですからめちゃくちゃです。

そして四年生の国語では、社会科で四七都道府県を覚える関係で、学ぶ漢字を増やしました。「滋賀」「新潟」「岐阜」などです。県名以外日常ではほとんど使わない漢字をどっと教えなければならなくなりました。

〔理科〕月と星、一緒に教えていいのかな？

子どもたちは、宇宙とか恐竜とか、現実世界から離れたロマンあふれる「学び」が大好きです。しかしアンドロメダ星雲など、実験や観察が難しいものは小学校では扱いません。そういうスタンスは基本的に理解できる部分もあります。しかし、こと天体学習・地質学習に関しては実験ができないと、本質を学ぶことが難しくなります。

三年生の「太陽」の学びに続いて、四年生では「月と星」という単元を学びます。

（多くの）星が北極星を中心に、時計と反対回りに回っている（ように見える）のは、地球が一つの球形の星で、自転しているからです。そして、季節ごとに見える星が変わるのは、地球が太陽の周りを一年かけて回っている（公転する）からです。それらのことを理解できると天体学習がぐっと深まります。

月が二九日かけて満ち欠けしているように見えるのは、地球の衛星として地球の周りを公転していることで理解できます。月の満ち欠けと、星の見え方は全然違う原理によるものです。

しかし、地球の自転や公転について小学校で学ぶことはありません。ただ見える現象を覚えるだけです。本来は、月や星の観察の裏側にある本質を教えることを避けてはいけません。月の満ち欠けの理由は六年生で学びますが、四年生の学びとは分断されています。

〔理科〕「電気のはたらき」から学べること

「電気のはたらき」の学びでは、直列つなぎ・並列つなぎの電流の仕組みを学びます。それとともに太陽光発電（ソーラーシステム）についても教えます。

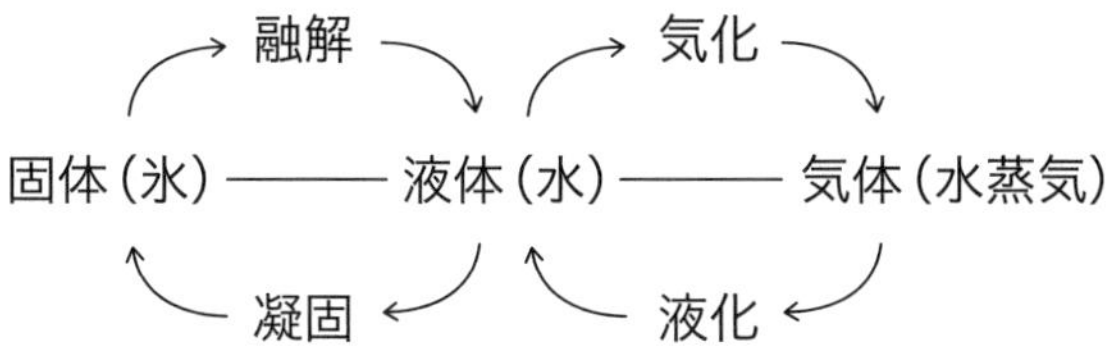

図4

私たちの生活から電気は切り離せません。しかし電気を作るには放射能のリスクを伴う原子力発電、広大なダムを必要とする水力発電、CO_2を増やし地球の温暖化の一因とされる火力発電などを用いなければなりません。どの発電方法にも問題は残ります。ただ、この中で絶対悪に近いものは原子力発電でしょう。他の発電の問題とレベルが違います。日本の権力の中枢（政財界）からの圧力が、福島第一原発の事故が起こってもなお、この学びをタブーにしています。

それでも私たちは、単に「電気の性質」を学ぶだけでなく、「現状を批判的に見て」かつ「自分たちにとってより良い社会をどうやって築いていくか」という視点を持たなければなりません。

［理科］物質の性質と実験する面白さ

四年生の理科の単元「もののあたたまりかた」「水のすがたと温度」は、予想～実験～原理を認識していくという理科の醍醐味を味わえる学びです。

「もののあたたまりかた」は、個体（銅板）、液体（水）、気体（空気）への熱の伝わり方を一つひとつ予想を立て、実験していきます。

「水のすがたと温度」は、**図4**の関係、水は０℃で凍り、１００℃が沸点で、それ以上温度が上がらないことを、一つひとつ予想を立て、実験していきました。

そしてこれは教科書にはありませんが、温度によって変化する物質のもとになっているのが「分子」であることを理解させると学びがより深まります。

０℃とは何か。１００℃とは何か。それは「水のすがたと変化」をもとに作った単位であることも教えることができます。

「水のすがたと温度」の学びは、理科室での実験だけではなく、海（液体）～蒸発（気体）～雲（氷の粒～個体）といった自然のサイクルや生活排水や工場排水で水が汚される問題（四年生の社会科で「上下水道のしくみ」を学びます）ともからめて学ばせることができます。

［保健］生命はつながる

三年生から始まる学びに「保健」があります。

四年生の「保健」では、「思春期と生命」の学習を行います。

「保健」の教科書には、精子・卵子などの用語とともに、体と心がどう変化していくかが書かれています。

ただ、この単元は異性の体の変化を冷やかすような雰囲気の学級では、教えることは慎むべきです。生命のしくみ、自分や相手の体のしくみを真剣に考えてもらうことが、この学びの必要条件になります。教科書の順番よりも学級内の雰囲気を優先してタイムリーな時期に教えるべきです。

三年生の理科では植物の学びを通して、「多くの生物にはオス（雄花）、メス（雌花）があり、成長して子孫を残す」原則を扱いました。その生物には当然人間も含まれます。

「保健」では、「思春期と生命」に限定して教えますが、生まれてすぐから一歳までの間に、聞こえる～見える～立つなどの生物として「自分でできる技能」を身に付け、思春期は体が子孫を残す準備に入ろうとすること、大人への自立へとつながっていくことも理解させることが必要でしょう。

自分の生命は祖先から連綿と伝えられ、次の世代にバトンタッチする準備が行われているのだということ。人間だけではない、生きているすべてのものがそうだということ。さらに、人間の場合、肉体だけではなく、文化の面でも次の世代へのバトンタッチがあること――も知ってほしいところです。

ただし、「人はこう成長しなければならない」と認識したときから、そうでない人々を排除したり差別したりすることがあります。目が見えなかったり耳が聞こえない人もいるし、子孫をつくるかどうかも個の意思による――ということも理解させなければなりません。かつてのナチスが喧伝したような「優れた民族、優れた肉体、優れた頭脳」という**優生思想***をはね返すだけの思考力を育みたいものです。

$5\frac{3}{5} - 1\frac{1}{4} + \frac{1}{2} =$ ……①

$5\frac{12}{20} - 1\frac{5}{20} + \frac{10}{20} = 4\frac{17}{20}$ ……②

図5

5　五年生の学びから

［算数］異分母のたし算・引き算は中学校数学に通じる

小学校五年生で異分母同士のたし算・ひき算を学びます（図5-①）。

これは分母の「通分」がわかっていれば、理屈として解けます。

この異分母のたし算・ひき算は中学校数学の文字式につながる、落とすことのできない学びですから、みんながわかるまで丁寧に教えなければなりません。ポイントは、分母の5と4と2に最小公倍数の20を見つけ、図5-②のようにできるかどうかです。

しかし、こういう分数の計算を日常生活でふつうに使うでしょうか。おそらく一生使わないでしょう。いや、そもそも日常生活の中で、分数のたし算やひき算を使うことはまずありません。

というのは、日本や中国といった東アジア圏の国々は「小数」の文化圏だからです。だから、日本人の生活に分数はなじみが薄いし、理解できたとしてもすぐに忘れてしまいがちです。

算数は、世界中で同じように通じると思われているし、それで間違いはないのですが、背景にはそれぞれの文化が色濃く残っているのです。

時計のように60進法とか、分度器の角度のように360進法というのは**古代バビロニア***の文化です。10で位が上がる10進法位取りは、世界中の人間の真理かと言うと、そうとも言えません。両手両足で20本なので、**アイヌ民族は20進法***、フランス語にも20進法は残っています。ただ、古代エジプトや0の概念を見つけたインドでは10進法を使っています。そしてインド・アラビア数字が世界中に広がって一般化したということです。

算数とは真理ではなく、約束事をもとに作った論理なのです。

［算数］日本中の子どもが「よくわからない」百分率とグラフ

五年生の「割合」は、理解させるのが難しい学びです。六年生になると一斉に受けさせられる全国学力テストで平均点以下だと「お宅の学校の点数が落ちている」と教育委員会から学校が指摘されるのですが、そもそもこの「割合」に関する問題の、全国平均が落ちています。ということは、大本の学習指導要領に欠陥があると見るべきです。

しかし、宮仕えの悲しさ、欠陥があっても教えなければなりません。

そこで、①割合の意味　②百分率（○○％）　③歩合（○割○分○厘）

を教えた後に、

A水族館の入場料はおとなが１２００円です。子どもはその60％です。子どもの入場料はいくらですか。

というような、④もとにする量×割合＝比べられる量
を基本にして教えていけば、わかりやすいようです。

学習指導要領に欠陥がある場合、現場の教員は工夫しなければなりません。そのとき、躍起になって、教科書の順番で教えるのは〝野暮〟です。その単元の何が重要か、どういう順に教えるとわかりやすいかという作戦が必要なのです。

［社会科］「みんながんばってます」で済ます産業学習

五年生の社会科は、まず一次産業（稲作農業・畑作農業、水産業）、続いて工業（自動車産業）、情報産業を学びます。

「○○の皆さん、大変だけど、頑張っています。みんな生きがいをもって、一生懸命やっているから、応援してね」

○○には、稲作農家が入ったり、畑作農家が入ったり、水産業が入ったり、自動車工場の労働者が入ったり……。まるで『水戸黄門』のドラマのように教え方がパターン化しています。

たとえば、日本の農業を学習するならば、日本の食料自給率は？　農業を機械化することでの借金は？　農薬・化学肥料の問題は？　農家の後継者は？　外国からの輸入の問題は？　こういった日本

農業が抱えている問題を取り上げ、どうしたらよいか考えさせるべきでしょう。

では工業はどうでしょうか。日本の地方都市はもうボロボロです。アメリカ主導のグローバル経済化でどんどん自由化し、安いモノがみんなの手に入る。派遣労働者を増やし、安い賃金で働かせる。さらに外国人労働者を入れ、もっと安い賃金で働かせる。こういった日本の工業の実態を教え、どうしたらよいか考えさせるべきでしょう。

社会を批判的に見て、より良い社会を創るための主権者になっていく――それが社会科本来の「学び」のあり方だと思います。

［社会科］四大公害はどこにいった

みなさんは、四大公害を知っていますか。「水俣病*」「四日市ぜんそく*」「イタイイタイ病*」「新潟水俣病*」のことです。かつては教科書に詳しく載っていたのに、今はほとんど触れられなくなりました。教科書の片隅にひっそりと表が載っているだけです（二〇二〇年度版・教育出版）。

そして現在の教科書では、「かつては○○地方には、公害がありましたが、市民・行政・企業の三者の力でみごと解決し、今では青空いっぱいの街になりました」という感じの記述になっています。はっきり言います。そういう「みんないい人」の事例はありません。企業が公害を隠す、行政は公害を認めない、御用学者が企業の味方になって公害を隠蔽する、利権を得る政治家が住民運動に圧力をかける……。そんな中で問題意識を持った市民が孤独な闘いをして、やっと多くの理解を得て、公害が認められていったのです。公害には権力や財産を持つ者の醜《みにく》い生き方がたくさん組み込まれています。

教科書からはなくなっても、四大公害は国民の常識として知っておかなければなりません。日本の環境問題の原点ですから。

［社会科］領土学習はおそろしい

領土の学習はおそろしいです。「**北方領土にもともといた住民はアイヌ民族だ***」とか「エトロフ島は日本人よりロシア人が先に支配していた」とか「**尖閣諸島は日清戦争の前までは日本ではなかった***」というように、本当の歴史を教えると国からすさまじい圧力がかかります。こと領土問題に関しては、さまざまな立場を教え、「さあ、君はどう考える」というような本来の「学び」を行うことはできません。特に安倍政権下で、政府見解を教えろとなってからは本格的な社会科を行うのには相当な覚悟が必要なのです。安倍政権下の社会科は、「社会科」ではなく「国策教育」です。産業学習の五年生の社会科の教科書では日本の領土の主張のみを大々的に載せています（二〇二〇年度版・教育出版）。これは教科書会社の安倍政権へのごますりとしか思えません。

しかし、政府見解が正しいなんて間違っても思ってはいけません。あんなに「北方領土（四島）は日本領と教科書に書け」と強制していた〝お上〟が、安倍首相の日露外交交渉（二島返還）が始まった瞬間、ロシアに気をつかって何も言わなくなったのですから。「国策」なんてそんなものです。

［家庭科］私生活を細かく点検するだけ

五年生から始まる家庭科の教科書（二〇二〇年度版・開隆堂）を見てみると、衣食住の技術ばかりが延々と載っています。生活に関しては保護者の過重労働や低賃金労働など、社会の問題には目を向けさせず、ひたすら自分の生活の反省点を見つけさせ、行動させるばかりです。

教科書ではさすがに家族構成については触れていません。よくテレビで見かけるパターンである「父と母がいて、子どもが二人」という家庭は、もはや一般的ではなくなっているからです。現在は母子家庭が多く、父子家庭も増えています。一人っ子も多い。父親が暴力的な家庭もあります。これは「学校から見える家庭の形」ですが、実際に日本全国で見ると、一番多いのは「一人家族」で、今増えているのは「八〇歳代のお年寄りと、五〇歳代の息子か娘（独身）」です。二〇代の若者も「別に結婚しなくてもいい」「異性と結婚するのは面倒だ」という人も増えています。さらには、性同一性しょうがいの人や同性愛者がいて、外国人労働者も増えています。世の中にはさまざまな人がいて、それぞれの人生がある。自分もさまざまな人の一人だ――そのことを認識することが今、大切なのではないでしょうか。

しかし今の家庭科は、こういう現実の社会に対応するような教育には全然なっていません。

家族の形態は変わるのです。奈良時代には、男（夫）が女（妻）の家に通う、子どもは妻の家にいる形。鎌倉時代も、**源頼朝の妻は北条政子***ですから、夫婦別姓でした。そして明治になる一五〇年前までは一般の人々には名字はありませんでした。近年まで農村では大家族でしたが、一九六〇年代の高度成長期に核家族が広まったのです。

となると、家族を固定的に見るのではなく流動的なものと見るべきでしょう。歴史からも現在の形からもそう見ることが重要になってくるのではないでしょうか。

［家庭科］「安全な食」の視点が必要

家庭科では、食材をどう見るかという視点は、欠かせないものです。たとえば、コンビニでは今、お弁当が三〇〇円ほどの値段で売っています。それがどういうことなのか、家庭科の視点から見るべきでしょう。

そのような値段で売っているということは、働いている人の給料を低く抑えたり、正社員にしなかったり……という可能性があります。さらには、安いお弁当には、食品添加物が何種類も入っていたりします。

また、家庭科で調理実習をするために、野菜などを買います。その野菜には、農薬がかかっているのかどうか、防カビ剤が入っているのか、遺伝子組み換えではないか――という視点も教えなくてはならないでしょう。

さらに、おやつについても同じです。たとえばチョコレートの原料・カカオなどは「途上国」での過酷な児童労働が背景にあると言われています。そういうことを知れば、食品の見方が変わったり、考え方を深めることができます。

また、二〇一七年、輸入食品に含まれる農薬（**グリホサートの残留**＊、**殺虫剤ネオニコチノイド**＊）の国による検査の基準値がそれ以前よりも何倍も甘くなりました。国民の健康はどうでもいいということなのでしょうか。そうです。国は国民の健康よりもＴＰＰの交渉妥結を優先したのです。国民の生活よりも国策が大事だ、国民に情報を示さず変えてしまえという安倍政権の典型的な施策だと言えます。

家庭科では、国が定める「よい子を育てる」式の道徳ではなく、資本主義社会の中の競争原理や非人道的な労働などによって安価に売られている商品に目を向け、日常生活の中で何が大切なのか学ばせたいものです。

6　六年生の学びから

［社会科］歴史学習の前に憲法学習をさせる意味

戦後の社会科教育（六年生）は、日本史を学習してから憲法学習を行うスタイルを取ってきました。国民主権も、基本的人権も、戦争の放棄も、歴史上のたくさんの犠牲と闘いの中で獲得してきたものなので当たり前の流れです。

しかし二〇二〇年度からは変わります。憲法学習をしてから歴史学習を行うのです。そこに憲法は歴史上獲得したものではない、最初からあるもの、上から与えられたものだという〝お上〟の政策が見て取れます。この誤った誘導に引っ張られない授業の組み立てが教員には必要ですが、〝お上〟の作った教育課程〜市販テストの流れの中でそうすることはほとんど不可能です。安倍政権がまさに憲法改正しようという時期に、この変更です。まさに政権に忖度（ごますり）した指導要領だと言えます。

［社会科］天皇と日本文化万歳の前近代史

現在の小学校の歴史教科書を紐解いてみると、文字や図版や写真が美しくレイアウトされていてすばらしい装幀のものが多いです。しかし、「学力」「学力」と騒いでいるわりには、おそらく戦後最悪の、中身の薄いもののように思います。

たとえば教育出版（二〇二〇年度版）の歴史教科書は次のようなものです。

・旧石器時代はなし。一万年間の縄文時代の学習は一瞬で終わる。
・七〇年間の奈良時代の記述は六頁。それより新しい時代で四〇〇年続いた平安時代の記述は四頁。
・元の侵入を阻止した元寇は大々的に取り上げる。
・元寇の次の頁はいきなり金閣・銀閣。
・壬申の乱・保元の乱・承久の乱・戊辰戦争の記述はなし。
・江戸時代は、近松門左衛門・歌川広重・本居宣長・杉田玄白・伊能忠敬と、やたらに文化人の列挙。

小学校の歴史教科書がこのようになるのには理由があります。

天皇中心の奈良時代は大々的に取り上げる。世界帝国に勝った国威発揚に結びつく元寇も大々的に取り上げる。日本が世界に誇る文化も大々的に取り上げる。天皇家に関係する騒乱はいっさい取り上げない――ということなのです。まるで細切れもいいところで、外国人向けの「日本の歴史絶賛」の質の悪いガイドブックを見せられているようです。

質の悪いガイドブックの中でも特にひどいものは室町時代の扱いです。室町時代は足利将軍を頂点にしながらも守護大名の連合政権で、民衆の力が活発化し、対外交易も盛んでした。そしてついには室町体制を壊してしまいます。しかし教科書に載っているのは金閣・銀閣・龍安寺・雪舟の水墨画・茶の湯・生け花・能・狂言・祇園祭とひたすら「日本文化のすばらしさ」の羅列です。私は銀閣や龍安寺に行くと心が澄み切った気持ちになります。いつの日か子どもたちにもぜひ行ってほしいと思います。しかし室町時代の政治や社会を教えないで「日本文化のすばらしさ」だけをこうも羅列されると、むしろ鼻白んだ、後味の悪い感じがします。歴史教育をもっと大切に扱ってほしい。バランスを考えながら教科書を作ってほしいものです。

〔社会科〕歴史は基本的人権の視点で教える

私たちは、歴史をどのように楽しもうと自由です。大河ドラマを見て楽しもうが司馬遼太郎や吉川英治の小説を読んで楽しもうがいいのです。

しかし、学校教育における歴史学習はそうではありません。

・かつての政権交代は戦争かクーデターで行ってきた。
・基本的な人権がなかった時代が長期間あった。
・近代は外国との戦争ばかりにあけくれていた。

こうした時代のことを学び、それらを否定した日本国憲法の理想を次世代にどうやって受け継いでいくのか、そして今も達成されていないものは何か――が歴史教育では重要なのです。

江戸時代……身分があり、被差別部落がありました。女性は差別され、キリスト教は禁止されていました。アイヌモシリ（北海道やサハリンなど）と琉球王国（沖縄）は日本ではありませんでした。

近代……自由民権運動は弾圧され、女工労働がありました。教育勅語・御真影の強制教育が行われました。植民地のアイヌ民族・琉球人・朝鮮人は差別されました。

こういうことを一つひとつ確認しながら、「基本的人権の尊重」とは何かを考えさせていきます。

「戦争の放棄」。この考え方も今や風前の灯です。平和教育を行えば、「偏向」教育のレッテルを貼られる時代です。政府見解が正しく、それ以外は政治的中立性を犯していると断罪される時代です。しかし、日本は近代になってから、日清戦争、日露戦争、アジア・太平洋戦争と戦争を繰り返し、「国益のため」を理由に人を殺し、殺されてきました。これを「戦争の放棄」に結びつけなければなりません。

［社会科］なぜ歴史学習に現代史がない

小学校の歴史学習でまともに取り上げない時代は、「旧石器時代」と「縄文時代」ですが、さらに「現代史」も取り上げません。

戦後の改革、サンフランシスコ平和条約と日米安保条約、六〇年安保と国民の抵抗、高度経済成長と公害、オイルショック、バブル経済の崩壊――と戦後史を考えるポイントはいくつもあるのに、現政権を批判することになるのを恐れてか、高度経済成長で終わりです。最近の五〇年間の歴史が消えています。韓国・中国と仲良くするには植民地支配と侵略戦争、強制連行を教えることが大切なのに、これらを取り上げ授業化すると「自虐史観」と攻撃されてしまうのです。しかし、歴史は「現代」を見ないで何の意味があるのでしょうか。歴史的に「現代」を見てどうするのがいいのか、さまざまな立場・視点から考え、次の時代につなげていく――そこに歴史を学ぶ意味があります。

［国語］物語教材の教材研究は必要ない？

六年生の教育出版「国語」に掲載されてきた物語教材に『川とノリオ*』があります。これは名作中の名作で、かつて授業ではその一つの文をめぐってさまざまな視点から一カ月近くかけて解釈したりしていました。そのとき文芸研の西郷竹彦氏の『川とノリオ』の分析を読んで「文芸作品はこのように読むのか」と目を見開かされる思いをしました。

ほかにも『おにたのぼうし』『一つの花*』『雪わたり』『ごんぎつね*』『やまなし*』などの名作が教材としてありました。教員たちはそうした物語における「視点の切れ味」に驚き、それを子どもたちにどう伝えるかを勉強するために関連書を買って読んだり、民間教育の研究会に足を運んだりしました。しかし今は教員自らが「知性を磨く」ことはなくなりました。教科書の文章を読んで、漢字をしつこく練習して、感想やクライマックスのシーンについて話し合って終わりです。かつての教員がやっていたような深く物語を読み解く授業を若い教員に説明したベテラン教員がいますが、若い教員は一言「ああ、昔のやり方ですね」。次世代の教員に物事の本質を伝えきれないもどかしさは私にもありました。

三、現在の「学び」をまとめてみると

「学び」はおもしろい。そして「深い」。

「学び」は、子どもたちが自然や社会のかたちを洞察し、よりよい世界を築くための働きかけにつながる。

そのために教員は何を教えるか、そしていかに教えるか――。それが教員の腕の見せどころ。それ

ぞれの教員の持ち味を生かし、教材の本質と教えるタイミングを見極め、納得のゆくまで教材を研究します。

それに対して教育委員会を通して求められるものは全く違います。教科書の頁順に教えること――。しかし教科書はけっして完璧ではありません。当然そこには抜けている過程があったり、教えるタイミングに無理があったりします。そういう場合、教員は順番を変えて教えたりします。

ところが教育委員会はそういう教員の工夫を認めません。ついてこられない子どもたちに対しては大量の「宿題」「家庭学習」を与え、テストの結果（点数）で管理するだけです。たくさん宿題を出す教員は、自分だけが突出しているのではないかと不安になり、全校一律の「家庭学習」を行うよう学校全体に働きかけます。

「学び」のおもしろさはそこにはありません。今の「学び」は乱暴でがさつで、子どもたちを苦しめるものに変質してしまっているのです。これはもはや本来の「学び」とはかけ離れたものです。

学力テストの点数を上げるために全校一律の宿題（家庭学習）が必要だ、朝の読書が必要だと新聞などでも煽られ、文科省や教育委員会、そして学校教育の現場がそれに邁進した結果がそうした無残な教育となって現れているのです。「**スクール***（学校）」の語源はギリシア語の「余暇」だと聞いたことがあります。今や笑えない冗談に思えます。

第二章　用語略解

＊**『ないたあかおに』**　浜田廣介（一八九三〜一九七三）の児童文学。一九三五年、雑誌『カシコイ二年生』に掲載。「友情」を描いた作品。読み聞かせでは、教員の話術にもよるが、低学年の子どももみんな真剣に聞き入る内容である。

＊**『夕鶴』**　民話「鶴の恩返し」を下敷きにして「人間の欲」というテーマを掘り下げた木下順二（一九一四〜二〇〇六）の戯曲。一九五四年、岩波文庫として出版。一九七〇〜八〇年代には教育出版の三年生の「国語」に要約文が掲載された。

＊**『よだかの星』**　宮澤賢治（一八九六〜一九三三）の児童文学。一九三四年に発表。私の知る限り「国語」の教科書に掲載されたことはないので教材として使われることは少ないと思われるが、学芸会の「劇」では扱われることがある。タカやそれに追従する鳥たちから見下されていたよだか（夜鷹）が、最後には星になるという話。

＊**人民服**　一九五〇年代〜七〇年代、中国（中華人民共和国）で国民に常用された服。男性用も女性用も折り襟の上着とズボンからなり、円形・ひさし付きの帽子とともに用いられた。

＊**国民服**　一九四〇年に定められ、太平洋戦争中に使用された日本国民男子の標準服。

＊**児童総会と児童会選挙**　いずれも小学校の子どもたちの自治的諸活動の根幹部分の活動。小学校の全校児童からなる児童会の会長や執行部の役員（中央執行機関）を選出するため、選挙権のある子どもたち（4年生以上の場合が多い）全員で選挙を行うのが「児童会選挙」。その選挙の結果選ばれた執行部の役員や専門委員（図書委員、放送委員、集会委員など）によって提案された議題（実施案）を選挙権を持つ子どもたちで議論し議決していくのが「児童総会」。児童総会は児童会活動の最高決議機関。

＊**全校のお楽しみ会**　児童会が行う全校の大規模なレクリエーションの時間のこと。たとえば「全校おにごっこ」「全校かくれんぼ」「全校リレー大会」など。児童会の集会においては、教員の定めた「廊下歩行運動」や「あいさつ運動」ばかりを取り上げさせるのではなく、子どもたち自らが「こういうことをしたい」と思うことを話し合わせ決定させていくことが

重要であり、そうさせるためには全校のお楽しみ会をなににするかという議題がわかりやすく、子どもたちも盛り上がりやすい。

＊ロック　一六三二～一七〇四。イギリスの啓蒙思想家。絶対王政の理論となった王権神授説に対し、人民と王が契約を結ぶ社会契約説を唱えた。立法・司法・外交の三権分立の考え方と政府の権力乱用に対する革命権があるとした。これはアメリカのジェファソンの独立宣言につながる思想となった。

＊森有礼　一八四七～一八八九。一八八五年の第一次伊藤博文内閣の文部大臣。「教育は国家のために行う」という国家主義を進めたほか、国家の指導者が身につける学問と実地実業のための国民の教育とを分けて天皇制国家としての教育体制を整えた。

＊キミ子方式　一九八〇年代に松本キミ子（一九四〇～）が考案した絵の具による絵画の指導法。三原色（青・赤・黄）と白のみを使い、ある一点から「隣りへ」「隣りへ」と描いていく。私のように上手に絵を描けない、絵の指導ができないという教員たちにとっては画期的な指導法となった。

＊『子どもの美術』　一九九〇年代に現代美術社から刊行された教科書。著者は佐藤忠良（一九一二～二〇一一）ほか十数名。「キミ子方式」は絵の描き方の指導法だが、この教科書は「絵を描くとはどういうことなのか」「作品とは何か」を突き詰める内容になっている。しかし、一時期話題になったにもかかわらずこの教科書を採用する学校はほとんどなかったと記憶する。

＊地域の歴史学習　たとえば北海道小樽ならば、縄文文化や先住民族アイヌの歴史、ニシン漁、石炭と鉄道、運河保存運動とまちづくりなどテーマにことかかない。しかし現実には北防波堤を造った広井勇と南防波堤を造った伊藤長右衛門のみを扱うことになる。南防波堤造りに多くのタコ部屋労働者が従事したことには触れられない。

＊コペルニクス　一四七三～一五四三。ポーランドの天文学者。聖職者。肉眼による天体観測とギリシア思想により、地球その他の惑星は太陽を中心に回っているという地動説を唱えた。ただ当時のヨーロッパはキリスト教中心の世界で天動説が常識だったため、地動説はコペルニクスの死の直前に発表された。

***ガリレオ**　一五四六〜一六四二。イタリアの天文学者。物理学者。哲学者。望遠鏡による天体観測をした。コペルニクスの地動説を認めたために裁判にかけられ敗訴した。

***子午線**　天球上、北極から天頂を通って南極に至る線。この線をもとに天球は東と西に二分される。

*『**かさこじぞう**』　いわさききょうこ（一九二一〜）の児童文学。一九六七年出版。貧しくても善意にあふれたじいさまとばあさまの、お正月を迎える思いと地蔵への信仰を示したお話。前近代の日本人の一つの暮らし方がわかる。

*『**おにたのぼうし**』　あまんきみこ（一九三一〜）の児童文学。一九六九年出版。節分の日に「おにの子」というだけで外に出されるおにた。親切にした女の子からも嫌われる。おにたの心情を読み取ることで、現実の社会で起こっているさまざまな対立や差別について考えることができる。

*『**雪わたり**』　宮澤賢治（一八九六〜一九三三）の児童文学。一九二一〜二二年雑誌に掲載。厳寒の情景を美文で紹介しながら、その時期に子どもだけが往来できる世界での動物とのやりとりを描いている。ヨーロッパ文学の力を借りずに宮澤賢治が独自に創作したファンタジー。

***寺子屋**　江戸時代の庶民の教育機関。町人の台頭、農村の商業化によって庶民にも読み・書き・計算という学びが求められるようになり、各地にできた。江戸時代を通して一万もの寺子屋が全国にあったと言われ、近代社会に移行する上での庶民の教育水準の下支えになった。

*『**庭訓往来**』　玄恵（生没年不詳）が室町時代初期に書かれたと思われる書。武士・庶民の日常生活に必要なものが書かれている。前近代の〝初等教科書〟として使われてきた。

***フランス革命**　世界で初めて王制を倒し市民による共和制を実現させた市民革命。革命後のフランスでは、ロベスピエールの独裁政治の中で革命暦やメートル法が導入された。フランス革命はアメリカ独立戦争とともに人権主義・博愛主義を世界に広めていく原動力となった。

***優生思想**　身体的・精神的に秀でた能力を有する者の遺伝子を保護し、逆にこれらの能力が劣っている者の遺伝子を排除して、優秀な人類を後世に遺そ

うという思想。

＊古代バビロニアの60進法、360進法　古代バビロニア人は一年を三六〇日と考え、三六〇で一回転とした。また、円の半径で円周を切っていけば六回目にもとの点に戻るため、三六〇の六分の一の六〇も一区切りと考えるようになった。

＊アイヌ民族の20進法　アイヌ語では二のことを「トゥ」、二〇のことを「ホッ」と言う。四〇のことを「トゥ（二）・ホッ（二〇）」と言うように、アイヌ民族は二〇という数量を一区切りに考えた。

＊水俣病　一九五六年、熊本県水俣市で公式に〝発見〟された公害。化学工業会社であるチッソの水俣工場が水俣湾に流していたメチル水銀を含む廃液によって魚介類が汚染され、それを食べた付近の多くの住民が水俣病（メチル水銀中毒症）となった。当初チッソは水俣病に向き合おうとせず、県や〝御用〟学者もチッソをかばったため被害がより広まっていった。市民の多くが患者を救済することよりも企業の経済活動を優先させることを支持し、病気に対する偏見から患者たちを差別した――という事実を私たちは忘れてはいけない。

＊四日市ぜんそく　一九六〇年から七二年にかけて、三重県四日市で、四日市コンビナートからの大気汚染によって引き起こされた集団のぜんそく障害。

＊イタイイタイ病　患者が「いたいいたい」と泣き叫ぶことから一九五五年に「イタイイタイ病」と名付けられた、富山県の住民が被害にあった公害。岐阜県の三井金属鉱業神岡事業所からの廃液によって神通川下流域の富山県で引き起こされた。水俣病と同じく、県も〝御用〟学者も当初三井金属鉱業という大企業をかばった。

＊新潟水俣病　一九六五年に確認された、日本の化学工業会社である昭和電工の廃液によって新潟県阿賀野川の流域で引き起こされた公害。水俣病と同じくメチル水銀による被害で、患者の症状も同じことから「新潟水俣病」「第二水俣病」と言われる。

＊北方領土にもともといた住民はアイヌ民族　北海道・千島列島にアイヌ民族が先住していたことは自明の事実である。千島列島について言えば、和人（日本人）の飛騨屋久兵衛がクナシリ島に漁場を開くのが一七八二年、近藤重蔵がエトロフ島に調査

に入るのが一七九八年であり、それ以前に和人がいたという記録はない。一七九八年以降も、一八六九年まで北海道と千島列島はアイヌの大地であった。

なお日本とロシアがアイヌの大地を分断し領土の境界を決めたのは日露通好条約が締結された一八五四年一二月（太陰暦）である。日本が欧米に合わせて太陰暦を太陽暦に変えたのは一八七三年のことなので、これを太陽暦に直すと一八五五年二月七日となる。日本はこの日を「北方領土の日」と定めている。歴史教科書を見ると、一八七二年までのことなら旧暦で示すことが当然なのに、日露通好条約の締結のみが「北方領土の日」に合わせて「一八五五年」と書かれている。国策が史実をゆがめる一例である。

＊尖閣諸島は日清戦争の前までは日本ではなかった
近代になって、琉球王国が支配する領域を日本と中国（清国）のどちらの領土にするかを琉球王国抜きに両国で話し合われた。一八八〇年の日本案は「宮古・八重山は中国領、沖縄諸島以北は日本領」と提示、中国は「奄美以北は日本領、沖縄諸島は琉球王国、宮古・八重山は中国領」というものだった。いずれにしても宮古・八重山は日本領ではなかった。日清戦争の結果、台湾までが日本領となったのである。

＊源頼朝と北条政子　鎌倉幕府初代将軍源頼朝（一一四七〜九九）の妻は北条政子（一一五七〜一二二五）である。源氏の将軍が三代で絶えた後、北条氏が実権を握る。頼朝は関東に武士の政権を樹立し、木曽義仲・平氏・奥州藤原氏を破り全国政権の基盤をつくった。政子は個人としては自分の息子を殺したり父の追放に加担したが、政治家としては後鳥羽上皇の朝廷勢力を封じ込め幕府の権力を確たるものとした。

＊農薬グリホサート　かつては安全な農薬とされてきたが、二〇一五年にＷＨＯの国際がん研究機関によって発がん性物質に分類された農薬。現在、世界各国がグリホサートの使用削減、禁止に動いている。

＊殺虫剤ネオニコチノイド　世界中で最も使われている殺虫剤。一九九〇年頃から使用が急増し、ミツバチの大量失踪もそれが一因ではないかと言われている。そのためＥＵは現在、原則使用を禁止した。

＊『川とノリオ』 いぬいとみこ（一九二四〜二〇〇二）の児童文学。「悲しい」「ひどい」「悲惨」といった言葉を一切使わずに原爆の凄惨さを描いた作品。「じいちゃん」が原爆で死んだ母親の代わりにノリオを育てる。

＊『一つの花』 今西祐行（一九二三〜二〇〇四）の児童文学。一九七五年、ポプラ社初版。出征する父がプラットホームで娘に一輪のコスモスの花を渡し思いを託す、戦争と平和を扱った作品。

＊『ごんぎつね』 新見南吉（一九一三〜一九四三）の児童文学。一九三二年、『赤い鳥』に掲載。いたずら好きのキツネのごんが兵十を傷つけた償いにさまざまな贈り物をする。しかしそれがごんの行いだとは思わずに兵十はごんを撃ってしまう。良心と届かない思いを描いた名作。

＊『やまなし』 宮澤賢治の児童文学。死や恵みのある川の中を描いた単純なストーリーだが、主題がなかなかよくわからず、私は西郷竹彦の『宮澤賢治「やまなし」の世界』を読んではじめて仏教思想が大本にあることを理解した。

＊「スクール」の語源 ラテン語のschola（学校）がschoolの語源。ラテン語のscholaはギリシア語のskole（余暇・ひま）からきている。古代ギリシアで学問ができるのは生活に余裕のある市民だけだったことから。

第二章

日本の教育史から「学び」を考える

一、前近代の教育

1 教育の始まり

本章では、日本の教育史を概観することで、「人はなぜ学ぶのか」ということについて考えていきます。

人類は学校が存在しない遥か大昔から教育を行ってきました。狩猟・採集社会の時代から教育はあり、たとえばアイヌの人たちの場合、狩りの方法は集落内の男性の大人から子どもへ、採集や衣服作りは集落内の女性の大人から子どもへと伝えられました。

「遊び」も「教育」の一環と捉えることができます。たとえば、川を飛び越えたりするのは動物を追いかけるために、洞窟に隠れるのは動物が来るのを待つために、的当ては動物を射るために、土の上のお絵描きは服を作るために必要でした。それらの行為がやがて「幅跳び」「かくれんぼ」「的当て」「お絵描き」という遊びとなりました。しかしそれらは「遊びのための遊び」「暇つぶしのための遊び」ではありません。将来、狩猟を行うため、衣服を作るために必要な技を磨いていくことも兼ねていたのです。つまりそうした「遊び」は「教育」でもあったのです。

2 言葉と文字

数百万年に及ぶ人類の歴史で注目すべきことは「手」の発達です。森から草原に降り、前足が「手」になり、人類は手を使って火を用い、石器・土器・弓矢などのモノを生み出していきました。二万年前の旧石器を、現在、どれくらいの人が即座に作ることができるでしょうか。

「言葉」は自分の意思や情報を他者や子孫に伝えるための現生人類にとって大切な手段です。本能で生きる動物と、「言葉」によって情報を伝え、その情報をもとにさらに技術を発展させていくことのできる人間の違いは大きいのです。数万年前にクロマニヨン人が登場したとき、おそらく「言葉」はすでに存在していたと思われ、現代に至るまでその重要性は変わることはありません。

「言葉」を操る(後期)旧石器人は、決してサルとヒトの間の動物ではありません。

「言葉」は現生人類すべてのものですが、「文字」はそうではありませんでした。たとえば、亀の甲羅や獣の骨に刻まれた中国殷王朝の甲骨文字は、国を治めた人が政策を占ったことを記したものです。「文字」はその後も神のお告げを記したり、国を治める人たちの命令を記したり、その人たちの歴史的な正統性を記したりするために使われてきました。中国に国が誕生したころ、民のほとんどが農民や牧畜民で「文字」を持っていませんでした。狩猟・採集の民と同様に「言葉」だけが生きる技や意志を伝える手段だったのです。

教育は、「支配者は正しい」とするためのものか、人間が伝えてきた技を伝達するためのものか、今にも通じる問題がすでにありました。

3　学校の始まり

「学校」はいつ始まったのでしょうか。

日本ですべての国民を対象にした学校は、明治維新の**学制***の発布から始まりました。

しかし、学校はそれよりもっと古くからあります。

古墳時代には学校はまだなく、文筆や工芸などの技術を**東漢直***氏など渡来人の一族が独占していました。**聖徳太子***（厩戸王《うまやどのおう》）などは**慧慈***などの優れた師匠のもとに学びました。そのころは学校ではなく、師匠についてさまざまな技術や思想を学んでいたのです。一般の人にはそうした機会はありません。

奈良時代の直前に作られた法律（大宝律令）には「学校を造る」ことが書かれています。これが日本の学校の始まりでしょう。天皇中心の国家を作るために官僚を育てようと漢学（漢文）を学ぶ学校で、中央（平城京・平安京）に大学、地方に国学という学校が設置されましたが、基本は貴族しか入学できませんでした。

希望する人はだれでも入学できる学校は、**空海***が造った綜芸種智院《しゅげいしゅちいん》という学校です。ここでは儒教も仏教も学べましたが、空海の天才的・個人的な意思で造られたものなので、空海の死後やめてしまいました。

文字の使用も、学校の始まりも、身分の高い人が自分たちの政治を行うために始めたものでした。

学問・教育を「国家の繁栄（国益）」のために行うという当時の考え方は、いまだに日本の権力者の意識に根強く残っています。

4　空海と最澄

平安時代初期、空海と**最澄***というお坊さんがいました。

空海は詩と書道に卓越した才能と「清濁併せ持つ」度量を持ち、宇宙の根本原理と自分の生き方を合わせ、融通無碍に時の権力者と接して密教の考えを完成させようとしました。一方、空海と並び称される最澄は、仏教を極めようとしますが、多くの人を論敵にし、ボロボロになって一生を終えます。

その人生を比べると、天賦の才を持ち功成り名を遂げた空海のほうが要領がよく、幸福な一生に見えます。最澄は悲愴な人生であっただけでなく、道半ばで一生を終えています。さぞかし無念な思いであったことでしょう。

ところが、人間の評価はその人生を終えてもまだわかりません。そのことを空海と最澄の逸話は教えてくれます。空海が開いた高野山金剛峰寺《こんごうぶじ》と最澄が開いた比叡山延暦寺《えんりゃくじ》。延暦寺のほうからは、道半ばで逝った最澄の仏教を発展させるためにさまざまな宗教家が出てきます。**法然***・**親鸞***・**日蓮***・**道元***など鎌倉時代に新しい仏教を開いた人々です。

「教育」とは、前代の人物の達成したこと、道半ばだったことを、次代の人に伝え、発展させていくことでもあります。そう考えると、その生がボロボロに終わった最澄が、数百年の単位で見ると、教育者として大きく輝いて見えます。

最澄は『山家学生式《さんげがくしょうしき》』の中で次のようなことを言っています。

「国の宝とはなんでしょうか。宝とは仏の道（当時の普遍的価値と言えるでしょう）を求める心です。そういう心のある人を、国の宝と言います。（……）昔のすぐれた人は言います。理論を持ち行動のない人は国の師です。行動があって理論のない人は能吏です。最高なのは理論を持ち実行力のある人こそが国の宝なのです」

最澄の言う「国の宝」はそのまま「戦後教育のめざす人格の完成」と置き換えてみても通用すると思います。ここには教育の本質も語られています。いまの世の中には、理論だけは立派で行動の伴わない学者や、高い偏差値の大学を出て省庁に入っても政権への忖度しかできない能吏や、弱者の攻撃に余念のない人権感覚ゼロの国会議員などがあふれています。最澄の教えは今もまだ達成されていないのではないでしょうか。

その人の価値はその人が一生を終えたときにわかるという考え方があります。しかしその人が「一生を終えたとき」でさえまだまだわからないものなのです。最澄の一生はボロボロでも、最澄の蒔いた種が数百年の単位で見ると花を咲かせたのですから。ある人物の価値とは時にはそれくらいのスパンで見なければわからないということもあるということです。このことは「教育」にも当てはまります。国家の繁栄のためではない、個人の幸福実現のために行われるという近代教育の考えさえ、より長いスパンで考えれば小さな考え方に思えてきます。

5　掃除当番は仏教の伝統

　戦後の「教育基本法」に示された「教育の目標」とは、「人格の完成」です。これは、国家主義・軍国主義教育も一因となって膨大な犠牲を強いたアジア・太平洋戦争の反省の上に立ち、「個のための教育」こそが教育の要諦という考え方に基づいています。これはアメリカ式の教育に則ったものでもありますが、実は日本にもこうした考え方は古くからありました。

　近代教育の「個」とは、「その人らしさを認める」「自分らしさを追求する」ことであり、国家がその人を侵すことができないという意味ですが、それは仏教のいう「人格の完成(悟り)」と共通した部分があります。また、前近代の長い間、国家は寺社勢力の内部には関与できませんでした。

　ところで、学校の中の清掃は、日本では当たり前に「掃除当番」という教育活動の一環に取り上げられています。そこには「自分たちのことは自分たちで行うこと(自立)」が教育の目標だという考え方も含まれており、自治的諸活動の中の「当番活動」の一つにもなっています。

　しかし、日本以外の国の教育を見た場合、多くの国の学校で、教室を子どもが掃除することはありません。日本でそれが普通に行われているのは、鎌倉時代に禅宗を伝えた道元の教えに由来しています。道元は炊事・洗濯・掃除など、日常生活を自分の力で行うことに「悟りへの道がある」と考え、それが広まったのです。外国では有産階級の人の身の回りの世話は「下賤の者の仕事」とされていたり、**インドのカースト制***のように役割は「身分」で決まるということがあります。

6　主君のために命をかけよ

前近代の学校は、古代のほんの一時期に、貴族（官僚）のためにありました。

その後、比叡山延暦寺などの寺院が僧侶のための学びの場となりましたが、だれもが学べる「学校」は——綜芸種智院を例外として——平安時代にはまだ見られませんでした。

しかし、江戸時代になると、世の中が安定して、武士が支配者としての倫理を学ぶ場が必要になってきます。江戸幕府は、身分制度を正統化するための学問（**朱子学**）*を取り入れました。その結果、各藩の武士の子どもたちが学ぶための藩校が各地に作られるようになりました。江戸には幕府によって昌平黌《しょうへいこう》という学校が造られました。

昌平黌では、「親に対する孝」「主君のために命をかけて生きよ（忠）」といった朱子学の封建道徳が教えられました。今で言えば「お国のために尽くせ」という道徳をひたすら教えられるという感じでしょうか。ただし、武士の多くは〝お家〟を守ることが何よりも大切で、祖先から戴いた〝お家〟を次の世代に引き継ぐことに腐心していました。まず男子の跡継ぎをつくる、後継ぎがいなければ養子を設けるということです。

一方で江戸時代には朱子学以外の学問も現れました。医学・天文学などのオランダの学問（蘭学）や、古代の（本来の）日本の姿を学ぼうという国学、正しいと認識したことは実行せよという陽明学などが、国家の行ってほしい封建道徳とは別の視点を示しました。

藩校の対象は自藩の武士の子どもでしたが、岡山藩の池田光政は農民も商人も学ぶことのできる**閑**

谷学校*（内容は儒学）を造りました。

江戸時代における朱子学＝封建道徳は、主君への忠誠心を揺るぎないものとし、江戸幕府を頂点にした安定した社会を形成するのに役立ちました。しかし一方でそれは、どんなに能力があっても農民や町人は基本的にはその身分に縛られるという身分固定化のための〝装置〟でもありました。

学校には時の権力者の「どういう社会をつくるか」という思いが反映されるものなのです。

7　礼に始まり、礼に終わる

日本の教育界では現在でも「武道の精神」が重視されています。いや、ますます盛んになってきていると言えます。

たとえば、それを象徴する物言いに「学びは礼に始まり、礼に終わる」があります。規律の徹底がまずあって、それから「学び」があるということですが、その実態は、教育の矛盾が深まるほど、子どもが「学び」から離れるほど、規律で縛ろうということです。

「気をつけ！　これから〇時間目の授業を始めます」とか、「起立！」「礼！」「着席！」とか、「立腰《りつよう》」とか、「よろしくお願いします」「ありがとうございます」と、やたらに礼にうるさいのです。規律が行き届いていたら良い学級、良い学校だという考えから抜けきれない人が教育界の主流を占めています。そして一番しつこく「礼」を求められるのが「卒業式」などの行事の日です。

こうした「礼」は小学校一年生のときから鍛えられます。何か用事があって職員室に入るときは「失礼します」と言い、出るときは「失礼しました」と言わなくてはいけない。言わない子どもはやり直しをさせられます。

「礼」は、中学校・高校の部活動になるといよいよ激しくなります。

あるとき、高校のバスケット部の試合を見ていると、最初の挨拶が「お願いします」、試合終了の挨拶が「ありがとうございました」でした。それだけではありません。体育館に入るときにまず体育館に礼、出るときにも体育館に礼、試合の合間にモップをかける生徒もかけ終わったら体育館に礼をします。そして、それを見ている観客も何も不思議に感じないし、一部の「偉い人」は「立派なあいさつで気持ちいい」と言います。

「礼」や「儀式」のことをしつこく言ったのは中国の孔子*で、武力を使わなくても「礼」で人々を従わせることができるとしました。漢の初代皇帝・高祖（劉邦*）は「礼」や「儀式」とは無縁の暴れん坊でしたが、「儀式」を行うとみんな言う通りに従うので、「皇帝はこんなに偉いのか」と言ったといいます。「礼」「儀式」には、有無を言わさず身分を固定化させて「目上」のものに従わせる力があるのです。

たとえつまらない授業でも学習規律を徹底させることで子どもたちが授業に集中すると〝お上〟は考えています。この「学習規律の徹底」は今や日本中の小学校で行われ、さらには「小中連携」の名目で地域の小中学校で同じ規律を守らせようとしています。

8 儒教の伝統が息づく部活動

日本の教育界では「先輩」「後輩」という「たて社会」の人間関係も重視しています。

小学校では六年生が一年生の面倒を見ます。六年生はこれを行うことで「六年生としての自覚」が芽生えます。一年生の担任は、この仕組みにどれほど助けられたことかわかりません。

たしかに六年生が一番大人に近く、さまざまな経験もありますから、このシステムがうまく機能していれば小学校の活動は回ります。しかし六年生に学級崩壊が起きたら、このシステムは機能せず小学校の活動はうまくいきません。本来、委員会活動もクラブ活動も「何年生がリーダーになっても構わない」のです。そのことが担保されなければ、本当の民主主義とは言えません。ですから「自覚」への過度なこだわりは、民主主義の教えとぶつかることがある――ということも知っておかなければなりません。「六年生らしい」「中学生らしい」という形の押し付けは要注意です。

中学校・高校の部活動になるともっと封建的です。下級生は上級生を「○○先輩」と呼び、上級生は下級生を呼び捨てにし、体育館の片付けも球拾いも一年生、下級生は上級生に無条件に従い、上級生は下級生に慕われる仁徳が必要……。一年生が意見を言うと「今年の一年生は生意気だ、礼儀を知らない」となります。日本型の封建道徳・儒教思想が今も中学校・高校の部活動を支配しています。それで人間関係を保っているのです。

9　読み書き計算が基礎学力

江戸時代後半、世の中の秩序が安定し、**大坂を基点にした全国的な経済***が展開しました。そのため、町人や上層農民を中心に「学び」の要求が高まりました。庶民の子どもは寺子屋に通い、「**読み書きそろばん***」を学びました。「そろばん」は「計算」のことです。この「読み書き計算」は今も基礎学力とされ、市販のドリルなどで繰り返し学ばせられるものになっています。しかし、「学び」のおもしろさは基礎学力以外のところにもあります。たとえば文学や芸術に触れる、さまざまな活動を通じて社会を認識する、自然を認識する――といったことです。今、そうした「学び」がおざなりになっているのではないかと私は思います。

江戸時代も庶民の「読み書きそろばん」といった基礎学力が経済活動にだけ使われていたわけではありません。絵と文字による木版刷りの本を読み、「御政道」を批判する狂歌を生み出しました。また、葛飾北斎や歌川広重の作品を鑑賞することができました。

商人や武士も学んだ「蘭学」は、西洋医学だけでなくさまざまな海外の情勢を知ることのできる学問でした。古代の日本の姿を研究する「国学」も広がりました。この「国学」によって現体制（徳川体制）は本来の日本の姿ではないのかという疑問を持つ人が出るようになりました。「学び」とは現状を批判的に見るものです。これは教育の持つ重要な一面だと思います。

江戸時代以来の伝統が今も根強く残っている「学び」には、ほかに「習字」があります。また、意味がわからなくても声を出して文章を読む「音読」も、寺子屋で言われた「読書百遍、意おのずから通ず」とひたすら音読を繰り返す江戸時代の学習法からきています。

二、近代の教育

1 天は人の上に人を造らず

明治維新で、それまでの日本社会の〝重し〟になっていた「身分」が大部分なくなりました。「大部分」という言い方をしたのは、完全に身分がなくなったのではなく、天皇家は「**皇族***」に、貴族・大名は「**華族***」になり、また被差別部落の人は「**新平民***」に、アイヌの人たちは「**旧土人***」にされたからです。

この大部分の人々に身分がなくなった結果、親が武士ならば子どもも武士、親が農民ならば子どもも農民と、職業が祖先から子孫へ続いていた社会が変わりました。職業を自分で選べるようになり、自分の能力に合った仕事を選べるようになりました。

福沢諭吉は『学問のすゝめ*』で言います。「天は人の上に人を造らず」と。しかしその言葉の後には「実際には人には上下がある。それは学問を修めたかどうかによるものだ」ということを言っています。

そしてこの精神が学校の設立につながっています。「だから、みんなが平等に学問を修めることができるよう全国に学校を造ろう。一人ひとりの自立のために学問は必要なのだ」ということです。これが日本の近代教育の出発点です。

2 「能力に応じて」の意味

日本の近代の初めに、「能力に応じた教育を」という考え方が登場しました。

それは、**憲法二六条**[*]に「すべて国民は……その能力に応じて、ひとしく教育を受ける権利を有する」とあるように、近代教育の根本的な考え方です。

しかし現状はどうでしょうか。大きな企業が他の国の企業に勝つために派遣労働者を増やし、安い賃金で働かせ、いつでも首にできるシステムを作りました。その結果、国民に経済的な格差が広がり、子どもたちは偏差値の数値と家にお金があるかないかで、行ける高校・大学が決まってくるようになりました。経済的な事情で大学をあきらめる子どもも出てきました。

そうなると「能力に応じてひとしく教育を受ける権利」が「偏差値と経済力に応じて教育を受ける権利」とならざるを得ません。しかし、そもそも福沢諭吉の時代に「偏差値輪切り教育」や「経済力による教育を受ける権利」という考え方があるはずがありません。この一五〇年余りの間に「能力に応じた教育」がどこかで捻じ曲げられてしまっているのです。

小中学校の教育＝義務教育は「学び」の根っこのところだからみんなに等しく受けさせなければなりません。それは保護者の義務であり、国や市町村の義務でもあります。ですから、この義務教育は無償なのです。その後の高校教育や大学教育は、「しょうがい」を持った子どもも含めて、その子どもの特性ややりたいことに合わせて教育を受ける権利があるということに重きが置かれます。

3　天皇中心の国作りのための教育へ

明治維新で「学制」が発布されたとき、「能力に応じて、ひとしく教育を受け」、将来、国民一人ひとりが身を立てられるようにするというのが教育の目的でした。しかし「富国強兵」「殖産興業*」のスローガンの下、やがて教育は「お国や社会のために尽くせ」という考え方がその柱になっていきました。転換期は森有礼《もりありのり》の教育改革のときです。体育も音楽も軍事訓練や国民意識を作るために利用されました。個人が幸せになるために国があり教育があるのではなく、お国（天皇）のために個人があり、国家に尽くす個人を作るために教育があるのだという真逆な方向になっていったのです。

明治時代の小学校では、天皇の言葉の「教育勅語」を道徳の基本として暗記させ、天皇の写真である「御真影」に最敬礼させ、天皇に関わる日を祝日にしました。つまり、天皇を崇め奉ることを押しつけることで、国の政策に疑問を持たない子ども（国民）を育てることにしました。天皇主権の大日本帝国憲法の理念を教育の場に具現化させたのが、教育勅語・御真影でした。そのような教育を受けた国民は、徴兵制度の下で日清戦争・日露戦争に駆り立てられていきました。

日清戦争の後、小学校では「日本語」が「国語」とされました。これは単なる名称の変更ではありません。日本国民として共通の言葉――共通のひらがな（変体がなの廃止）と共通の漢字――を全国一律で教えることにしたのです。そしてこの「国語」教育はまず植民地とした台湾から始まりました。同化教育の一環としてです。「国語」は「国民統合」のための教科ともされていたのです。

4 国家の繁栄のために教育がある

「国家の発展・繁栄（国益）のために教育がある」という教育観と、「個人の人格形成のために教育がある」という教育観の対立は、今でもあります。というよりも、後者を形式上のスローガンにしながら実際は前者の教育を行っているというのが現在の教育界の姿です。

では、両者のバランスを取りさえすればよいのでしょうか。それは違います。少なくとも戦後教育は「国益のための教育」は拒否してきました。「権力による教育の侵犯」は許されないものだったのです。

子どもたちに教育勅語の暗記・御真影への拝礼を強制し、国策に疑問を持たせず、ひとたび戦争が起これば、その子どもたちを戦場に送り、また戦時下の勤労奉仕に動員していくのが戦前の教育でした。その要になった教科が「道徳」（＝「修身」）でした。

「道徳」では何事にも「感謝感謝」ということが教えられ、国の決めたことや社会の矛盾には疑問を持たせないような内容になっています。個々人が自分の能力を高め、それを生かせる職業につき、幸せな人生を送るための手助けをするのが教育なのに、「国益のため」「国の決めたことや社会の矛盾には疑問を持たせない」教育である「道徳」を強要することは、教育の本来の意味を捻じ曲げるものです。

5 大正の自由教育

戦前の教育がすべて「お国のためにまっしぐら」だったわけではありません。子どもの個性・自発性を大切にしようとした教育が知識層の一部を中心に広がった時期がありました。一九二〇〜三〇年代の「大正の自由教育」の時代です。**『窓際のトットちゃん』***の黒柳徹子さんなどは（時代は昭和に入っていたものの）「大正の自由教育」を受けた最後の世代でしょう。

この時期、**鈴木三重吉***という人が、芸術を教育に取り入れようとしました。彼が中心になって、子どものための文芸誌**『赤い鳥』***が刊行されました。また、志賀直哉や有島武郎を中心とした文学者たちが**『白樺』***という文芸誌を創刊し、大正デモクラシーや自由主義を背景とした人間の個性を大切にした作品を発表していきました。

世界では皇帝のための社会をひっくり返すロシア革命が起きました。日本でも女性解放運動や被差別部落解放運動、普通選挙運動、労働運動、アイヌ民族の運動など、市民中心の世の中にしようという動きが広まっていきました。教員組合もこのときにできました。

しかし「大正の自由教育」は、知識層には広まりましたが、一般の人へとは十分に広がりませんでした。また、国から降りてくる教育を批判し、次の世代の子どもたちの未来をどう創っていくかという視点も弱いものでした。このとき学校教育において、〝お上〟の意向を受けて自由教育に圧力をかけ、〝岡っ引き〟のような役割をしたのが「**視学***」（現在の「指導主事」に近い役職）でした。

一九二四年、大正の自由教育を否定する象徴的な事件「川井訓導事件」が起きます。これは、長野県の松本女子附属小学校の訓導（教師のこと）だった川井清一郎が研究授業大会における「修身」の授業で、教科書を使わず自主教材を使ったことから、授業後に学務教育課長が教壇に上がり、子どもたちに「修身の教科書を持っているか」「その教科書で授業が行われているか」と問い、使っていないことが発覚して、授業後の講評会でこのことを「視学」が厳しく追及し、川井が処分された事件です。

ここでこの事件を取り上げたのは他でもありません。現在、まさしくこの時と同じことが行われています。「道徳」の教科化にともない「ちゃんと教科書を使っているか」を教育委員会がチェックしているのです。「視学」の代わりに「指導主事」が常に学校を監視しています。政治家の道徳教育への介入も露骨になっています。一〇〇年近く前に教育現場は逆戻りしているのです。

話を戻しましょう。

その後、満州事変などが起こり、日本はアジア・太平洋地域を巻き込む戦争への道を進みます。「大正の自由教育」の流れは断ち切られ、国の戦時体制を支えるための「軍国教育」が行われるようになっていきます。

6 軍国教育

アジア・太平洋戦争では、日本人は三一〇万人も殺され、日本軍に殺害されたアジア・太平洋の人々は二〇〇〇万人にも及びます。

こんなとんでもない戦争を引き起こした日本帝国。その原因は一つではありませんが、「道徳」(修身)を教え、教育勅語を暗記させ、御真影や神社を拝礼させ、武道を教え、軍事訓練を行うという当時の教育の成果も戦争遂行には欠かせないものでした。

実は、大正の自由教育が軍国教育になる前に、教育現場に対する弾圧がありました。子どもたちが作文や絵を思ったままありのままに書く（描く）「**綴方教育***」が、国の大弾圧を受けたのです。多くの教員が逮捕され投獄されました。このことについては三浦綾子の小説『銃口』の主題にもなっています。

軍国主義の時代、あらゆることが「お国のため」「天皇のため」とされ、それが本来「正しいことなのかどうか」を吟味することさえ――〝お上〟に逆らうことを意味したので――できませんでした。

結局、多くの人は「戦争をやめろ」と言えず、無謀な戦争の戦禍は広がり、広島・長崎に原爆が落とされ、ソ連が参戦したのちに昭和天皇が「戦争をやめる」と言うまで戦争は終わりませんでした。敗戦の半年前に近衛文麿《このえふみまろ》が「戦争をやめよう」と言っても天皇が拒否したらそれでおしまいでした。しかしひとたび天皇が「戦争をやめる」と言ったら、軍部の一部を除いてみんな一斉に従う――そこに国民の主権者意識はかけらも存在しません。なぜ大正デモクラシーの時代に、あんなに市民による社会の形成を要求していたのに、わずかな年数のうちに真逆の軍事体制になってしまい、だれも「おかしい」と言えない空気になってしまったのでしょうか。それはやはり「教育」の役割も大きかったのだと思います。

ここに教訓があります。子どもにとって「いい先生」だったはずの人が、〝お上〟からの命令に従って「お国のために戦え」と言い、多くの教え子を死なせ、また他国の人々を殺させました。となると、現在、本当の意味でいい先生とは、〝お上〟からの命令が子どもたちのためになるかどうかを考え、それが子どもたちのためにならないと判断すれば、いかに国策であってもその命令には従わない、あるいは従うふりをしつつ〝お上〟の言う通りにはならない、〝お上〟にとってはまことに使い勝手の悪い人

――ということになります。

国（文科省）が「公のため」とか「奉仕」などと言い出したら、それは教育現場が危険水域に入っていると言えます。今、日の丸・君が代に拝礼させ、社会科の教科書に神社探検が載り、武道を復活させ、教育勅語を教育で扱うのも可という文科大臣まで出てきています。相当に危ない時代になってきています。

三、戦後教育

1 戦後教育の原点

一九四五年八月一五日、日本帝国はアメリカをはじめとする連合国に降伏します。この敗戦によって、日本帝国は解体され、お国のため、天皇のための教育の象徴であった「教育勅語」「御真影」が廃止され、「人格の完成」こそが教育の目標になりました。公ではなく、「個人の価値の尊重」が大切にされました。そして平和と民主主義社会を創る主権者を育てることにしました。

これに対し、「個人の価値の尊重」とは単にわがままを認めることではないか、戦後教育は権利ばかり主張する若者を作りすぎた――と言う評論家や政治家がいます。しかし「個人の価値の尊重」とともに「平和と民主主義の担い手を育てる」というのが戦後教育です。これは「個」と「個の我」の総称としての社会ではなく、たとえばルソーの言う「一般意志*」を育てるということになるのでしょう。

ところで日本帝国は国民の力によって倒されたものではありません。アメリカを中心とした連合国によって敗れたのです。したがって、敗戦後の新しい国の形も教育の形も、当時の多くの日本人の頭にはありませんでした。そのため新しい国の形も教育の形も、アメリカが当時の人類社会の理想とする像を日本に押しつけたという一面があります。それをもっていまだに「教育勅語はよかった」「日本の教育には道徳（戦前の「修身」）が必要だ」と言う政治家やそれを支持する人が後を絶ちません。

しかし道徳にある「兄弟仲良く」とか「夫婦仲良く」などは〝お上〟に言われる筋合いのことではありません。それでは、「壬申の乱*」や「保元の乱*」や「南北朝の騒乱*」などがあった天皇家の家族はみんな仲が良かったのかと反論したくなります。ただ、道徳教育を推し進めようとしているのは天皇ではなく、戦前回帰を目論む政治家――安倍首相と〝お友達〟の閣僚たち、そして彼らに迎合し忖度する人たち――です。彼らは政権の中枢にどっかりと居座り、〝上意下達の超管理教育〟を徹底させようとしています。学校で心ある教員が「道徳」ではなく「平和と民主主義」を教育現場に持ち込むと、「偏向教育」のレッテルを貼って攻撃します。教育は今、危険水域にあると言って過言ではありません。「平和と民主主義」は人類が二度の世界大戦に代表される悲惨な戦争を経験したうえで獲得できた普遍的な価値観なのに。

話を戦後教育の原点に戻します。戦後教育の原点となるのは一九四七年公布の教育基本法（「四七教育基本法」）でした。そこには日本国憲法の理想を実現するためにこそ教育があると示されています。国が価値観を強要してきた「道徳（修身）」はなくなり、平和と民主主義の考えを育む「社会科」が新設されました。国が「道徳」など強制しなくても、「社会科」で「平和と民主主義」の社会認識が育てられたら憲法の理想に近づいていくのだと考えたのです。お国のための意識の植えつけに利用されてきた「神社参拝」や「武道」なども廃止されました。

戦後教育の理想を実現するため、いくつかの改革も行われました。

まず学校の男女共学化。そして義務教育がそれまでの小学校まではなく中学校までとなりました。ただし戦後の「義務教育」は、戦前の「義務教育」とは違います。日本帝国時代の国民の義務は「兵役」「納税」「教育」でした。しかし戦後教育では「教育」は「義務」ではなく、子どもたちの「権利」となります。戦後の「義務教育」とは、子どもが義務として受ける教育という意味ではなく、大人が義務として子どもに教育を受けさせるということなのです。その意味が戦前と戦後では一八〇度転換しました。

さらに戦後教育は、教育の中心にあるのは国ではなく、子どもであるとしました。そのため、国（文部省）を教育現場に直接介入させないために「教育委員会制度」が作られました。また、それぞれの学校が自主的に教育課程を創ることを求めた「学習指導要領」が作られました。

「教育委員会」は、上意下達の機関にならないように行政から独立させて地方自治体に置かれ、教育委員は選挙で選ばれました。四七教育基本法の第一〇条には「教育は不当な支配に服することなく……」とあります。国（教育行政＝文部省）の仕事は、教育に必要な諸条件の整備に限られたものにしたのです。

こうした四七教育基本法における崇高な理念は、今ではまったく形骸化し、当初の意味とは違ったものに変質させられてしまいました。独立しているはずの教育委員会は、今や国の意向を超える「上意下達」を徹底させて教育現場を縛り上げる機関になり、学習指導要領は国家が決めた教育に従わせるための基準となっているのです。この傾向が特にひどくなったのは、二〇〇六年の第一次安倍内閣が四七教育基本法の改悪を強行してからです。それまでの教育現場はもっとゆったりと子どもと接することができました。そんな時代を知っている私から言わせると、四七教育基本法を改悪し、今も平和憲法を改悪しようとしている安倍政権は「教育そのものをぶち壊す悪夢そのものの長期政権」です。

2 米ソ冷戦で教育は変えられる

一九四九年、中国では内戦で中国共産党が勝利し、敗れた国民党政権は台湾に逃れました。一九五〇年には中国とソ連の後ろ盾を得た北朝鮮が、韓国に侵攻し朝鮮戦争が始まりました。東アジアは共産勢力一色になりそうでした。そうなってくると国家など理想をかなぐり捨てます。あれほど日本の民主化と平和を力説していたアメリカが豹変し、共産主義国家であるソ連と中国に対抗するために日本で「反共」政策を進め、再軍備を求めてきます。アメリカに従属する日本は、警察予備隊～保安隊～自衛隊を発足させます。しかし「戦争放棄」を謳った憲法九条が邪魔になったために、保守政治家たちが憲法九条を変えようと言い出します。そしてそれに合わせて「教育」にも手を突っ込んでくるのです。

一九五一年、第三次吉田内閣の**天野貞祐***文部大臣は「共産主義に対する精神的自衛力」「静かな愛国心」が必要だとして日の丸・君が代の教育、新しい修身科（道徳）の特設、道徳の中心に天皇を――という政策を打ち出しました。国の強制する「愛国心」とは国の言うがままに行動する子どもになるようにすることです。天野文部大臣はアメリカに「押しつけられた（平和）憲法」をやめ、今度は「アメリカに求められた戦前回帰」を行おうとしたのです。現在の教育政策の原形がここにあります。

しかしこの天野文部大臣の政策案は戦争を体験していた当時の国民から猛反発を受けて撤回され、大臣も辞任に追い込まれますが、その流れは保守派の政治家たちによってアメリカの合意の下で執拗に進められました。自由党の池田勇人とアメリカのロバートソンが、日本の防衛力増強と再軍備を話し合い、「反共のためにすすんで武器をとる日本の青少年の育成」が強調されました。また、ニクソン副大統領は「戦争放棄の憲法は誤りだった」と言いました。

日本の権力者たちは、軍部の独走によって戦争をひた走った戦前とは違って、アメリカの意向に沿って、戦争の道を歩もうとしたのです。その手段は、教育現場における「日の丸・君が代」の導入と「道徳」を教科化して国の価値観を強制しようというものでした。天野文部大臣の時代から七〇年経った今、第一次〜第四次安倍政権のもとでそうした政策の多くがすでに実現しています。

3 上意下達の教育界へ

東アジアがソ連・アメリカの代理戦争の場になると、日本はアメリカ側の国として再軍備を進めていきますが、国民は再び戦争に巻き込まれることを恐れ、多くの反対運動が起きました。

一九五五年、憲法を変えようという鳩山一郎内閣が発足し、教育委員会の委員を選挙で選ぶ制度をやめて知事や市町村長による任命制にしようとしました。これに対し、「教育を守る」をスローガンとする、教育委員の任命制に反対する署名は、七二七万筆に達しました。しかし自民党政府は警察を国会に入れて反対派を抑え込み、教育委員会制度を変えてしまいました。教育の中心が国になり、教育委員会はその下請けとなったのです。

この政策に反対した全国の教員たちを今後どう従わせてゆくか。次に政府が出してきたものが「勤務評定」でした。教員たちの勤務状況を見ながら給料に差をつけるというものです。国民による勤務評定反対運動が全国に広がりましたが、勤務評定制度は強行されました。これによって教育は、文部省（国）→教育委員会→校長→教員→子どもと統制される仕組みが出来上がりました。

この勤務評定は現在、強力な〝効力〟を発揮しています。教育長が校長の勤務評定をし、校長が各教員の勤務評定をする仕組みなので、「子どもにとっていい先生」よりも「〝お上〟にとっていい先生」が高い評価を与えられ、給料もグングン上がることになっています。

4 学習指導要領と全国学力テスト

鳩山一郎内閣の後、短期間の石橋湛山内閣を経て岸信介内閣になります。

戦前、岸は満州国の経営に参画し、アジア・太平洋戦争を起こした東条英機内閣の閣僚でもありました。そのため戦後、A級戦犯容疑者として連合国に逮捕されています。しかし結果的に不起訴となった岸は、米ソ冷戦時代の中で赦免され、政界に復帰します。

岸信介は、戦前の治安維持法のような「警職法」を制定しようとし、国民の猛反発を受けました。そして革命前夜のような反対を無視して日米安保条約の改定も強行しました。さらに、教育においては、一九五八年に「学習指導要領」を「官報告示」に変えて、教科書の内容をしばるものにしました。この「官報告示」こそ、議会の議論を通さずに、学習指導要領に法的拘束力があるとして、教育を国家統制する手段となりました。そして「道徳」を「特設」し学校教育に組み込みました。それに対し、教員たちは「平和憲法・四七教育基本法に基づいた教育実践をしよう」という自主編成運動を始めました。

岸内閣の強引な政治手法に国民の多くが反発し、一九六〇年の「安保闘争」で岸内閣は退陣しました。その後池田勇人内閣になりますが、この時代、「全国一斉学力テスト」が始まります。これは子どもを序列化し、学級・学校・市町村・都道府県をも序列化するもの――と全国一斉学力テストの反対運動が起こり、あちこちで中止になりました。保護者の多くも反対し、一九六五年からは抽出校のみでの実施となり、六九年からは完全に中止になりました。

この時代に渦巻いていた〝教育の上意下達化〟に反対する教員たちの熱気、〝国益のための教育〟に反対する国民の熱気は、残念ながら今の日本にはありません。教員も国民も「上が決めたことに従うのは当たり前」「なぜ反対しなければならないの」と言う人がほとんどでしょう。いや、そもそも教育をめぐってそのような攻防があったことすら知らない人がほとんどかもしれません。

ここまで述べてきた鳩山・岸・池田内閣はいずれも国家主義教育を進めてきた内閣ですが、戦後の内閣は、戦前のように元老に推挙された内閣を天皇が承認して成立しているわけではありません。国民が投票する選挙によって選ばれた国会議員によって議会が作られ、その議会から選出された人々によって成立した内閣です。国民一人ひとりの政治意識が時の政権の教育政策に反映されていることを忘れてはなりません。

5　偏差値輪切り教育

教育委員会の委員は選挙で選ぶのではなく任命制にする、教員たちの給料は「勤務評定」をして差をつける、「全国一斉学力テスト」をして子どもたちと学校・地域を序列化する、学校ごとに違っていた教育内容を「学習指導要領」で統一する、「道徳」も取り入れる——。戦後、少しの間保たれていた「教育の自由」は、一九五〇～六〇年代の国のやりたい放題の教育政策でずたずたにされてきました。ただ、それらが導入されるたびに国民と教員のすさまじい抵抗がありました。そのこともあって一時、教育現場における「上」からの圧力は弱まりました。

ところが、一九六〇年代後半～七〇年代の高度経済成長の中で今度は「受験戦争」が起きます。偏差値の高い高校・大学へ入り一流企業への就職をめざす「偏差値輪切り教育」が激化していくのです。「偏差値輪切り教育」は〈七五三教育〉（小学校・中学校・高校の「学び」の理解度）とか〈一浪は人並み〉（「一浪」と書いて「ひとなみ」と読ませる）という言葉を生み出し、一九六八年の「学習指導要領」の「指導内容」は知識の詰め込み教育の最たるものでした。しかも学級は四十数人の「すし詰め学級」、各大学で個別に作成する入学試験問題は「難問奇問だらけ」となりました。

その反省に立って、教育行政は少しずつ「ゆとり」を重視する方向に向かっていきました。大学入試には全国共通のテストを入れ（共通一次試験）、小中学校の時間割に「ゆとりの時間」を入れました。しかし、共通一次試験という全国一律のテストを行うことで全国の大学の序列化が決定的になりました。また、教育現場では「ゆとりの時間」を生み出す準備のために「かえってゆとりがなくなった」とも言われました。

そして、〈ゆとり教育〉の決定版として「新しい学力」が登場します。「意欲・関心・態度」こそが大事だとして「自ら考え、自ら調べ」の教育に至るのですが、それがどのような結果になったかについては第一章で詳細に触れました。

また、この時代、「教頭」という職制が法制化され、新たに「主任制」も導入されました。着々と〝上意下達のピラミッド〟が完成されていくのです。

6 人権教育

戦後、草の根の教育運動として、平和憲法と四七教育基本法の理念を具現化する「自主編成運動」が行われていました。中でも「人権教育」が大きく取り上げられるようになりました。人権教育は被差別部落の差別問題から始まり、アイヌ民族への差別、在日コリアンへの差別と広がっていきました。

その中で全国に広まった人権教育にジェンダー教育があります。

人間には、女性と男性がいます。生物として「子どもを産む」性としての女性、そうでない性としての男性があります。しかし、人間は生物としてだけで生きているのではありません。子どもを産み育てることを選択しない自由、家族を持たない自由もあります。

ただ、歴史的にはそうではなかった。「子どもを産み、育て、家を守るのは女性」「外に出て、猟を行い、外敵と戦うのは男性」という役割分担があって、それが社会的な規範となっていました。その規範は男性優位な社会を作るための「圧力」にもなってきました。そこから「女はこう、男はこうでなくちゃ」「女のくせにでしゃばるな」「男のくせに泣くな」といった、必要のない「男女の区別」が作られました。こうした社会的に作られた男女区別、男女差別を解消していく、これがジェンダー教育の大きな目標になりました。そこで教育界では、出席簿を男女混合にする、「体育」や「技術」「家庭」の各教科を男女別にしないなどの取り組みが広がりました。また、社会的には「夫婦別姓を認めよ」という動きも出てきました。

「性による区別、差別から、個として認める社会へ」という流れは、新たな流れにもつながりました。男女差別どころか、「体は女性(男性)だが、心は男性(女性)」という「性同一性しょうがい者」が注目され、現在では「ＬＧＢＴ」と呼ばれる、さまざまな性の形を認める社会になろうとしています。しかしその一方で、明治憲法下の「家制度」に郷愁を感じる人も後を絶たず、前述のような「人権教育」を激しく攻撃する人もいます。

7 二〇一〇年代の教育

現在の教育については、第四章で詳しく説明しますのでここでは概略を説明します。

今、〈ゆとり教育〉は否定され、終わりなき〈学力競争〉と上意下達の〈超管理教育〉に教育界全体が支配されています。

「国家主義教育」「国際教育」「能力別教育」、そしてそれを推し進めるための「学力向上政策」――。これらの言葉が現在の教育を理解するためのキーワードと言えましょう。

今、子どもたちも教員たちも常に「上」から管理され、身動きが取れません。そうした小学校の教育現場の実態にだれも関心を払わなくなったとき、この国のめざす「教育」が「完成」することになるのでしょう。

なぜこうした教育になってしまったのか。原因は一つではないでしょう。しかしその大きな要因の一つとして「安倍政権による価値観の強要」があることは間違いありません。また「安倍政権による価値観の強要」を忖度して、さらにそのことを国民に強く強いている国会議員や教育委員会がいることも間違いありません。さらに、「安倍政権による価値観の強要」が許されているのは、国民がこの政権に三分の二の議席を与えてきたからだということをけっして忘れてはならないでしょう。

第三章　用語略解

＊学制　一八七一年に文部省が創設され、徴兵令・地租改正とともに学制が発布された（一八七二）。その内容は封建的身分差を否定し自ら身を立てられるようにするものだった（実学の修得）。

＊東漢直《やまとのあやのあたえ》　応神天皇の時代に渡来した阿知使主《あちのおみ》の子孫と称する氏族。五世紀中頃から文筆・工芸などの技術者を管理するようになった。

＊聖徳太子　五七四〜六二二。用明天皇の第二王子。仏教を精神的支柱にして大王（天皇）中心の国造りを進めようとした。近年、その神格化が問題となり、厩戸王《うまやどのおう》という本名で呼び、蘇我馬子と共同で政治を行っていたと解釈されている。私は、権力闘争に勝利した大王の一族だったが、勢力者である蘇我氏の協力を得て、日本史上初めて国家像を描き、国造りをしようとした人物として捉えている。

＊慧慈　？〜六二三。高句麗の僧。五九五年に来日。聖徳太子の師となり、日本の仏教界の中心人物となる。五九六年に法興寺に住し、六一三年帰国した。

＊空海　七七四〜八三五。平安初期の僧。真言宗の開祖。八〇四年、遣唐使に派遣され、八〇六年に帰国。八一六年に高野山金剛峰寺を開いた。書道の三筆の一人。仏教・書・詩・世渡り……とさまざまな分野にわたってすぐれた能力を発揮した天才と言える。

＊最澄　七六六〜八二二。平安初期の僧。天台宗の開祖。七八五年、比叡山に草堂を建て、八〇四年、遣唐使に派遣され、八〇五年に帰国。南都（奈良仏教）と対立したまま生涯を終える。空海が「天才」なら最澄は「教育者」だったと言いたい。

＊法然　一一三三〜一二一二。平安末期から鎌倉時代初期の僧。浄土宗の開祖。「念仏を唱えるだけでいい」という専修念仏を説き、他力本願を教義とした。

＊親鸞　一一七三〜一二六二。鎌倉時代初期から中期の僧。法然の弟子。浄土真宗の開祖。悪人こそが成仏できるという悪人正機説を唱える。その教義は弟子の唯円によって『歎異抄』として伝えられている。

＊日蓮　一二二二〜一二八二。鎌倉時代中期から末期の僧。日蓮宗の開祖。法華経のみを教義とし、他宗を激しく攻撃したため何度も弾圧される。

＊道元　一二〇〇～一二五三。鎌倉時代初期の僧。曹洞宗の開祖。身心脱落こそ仏教の神髄とし、これを達成するのは只管打坐（座禅）しかないと考えた。師である栄西は武家政権と結んだが、道元は権力との関係を断つ。

＊インドのカースト制　インド古来の世襲的な職業・身分制度。バラモン（僧）、クシャトリア（王族・武士）、バイシャ（平民）、シュドラ（奴隷）という階層があり、さらに二〇〇〇以上に細分化される。各層の間では通婚・食事に規制がある。

＊朱子学　中国の南宋・朱熹《しゅき》（朱子）が打ち立てた儒学の一派。理に基づく自己修養を遂げたものが為政者となることで天下泰平が実現するとし、理としての規範や名分を重視した。現行の秩序を支える学問であるため、朝鮮王朝、ベトナム、江戸幕府においても権力者によって利用された。しかしこの礼の強制は、朱熹が一試案として示した儀礼書『朱子家礼』があたかも聖典のようにアジア各国に広まってしまったことに由来する。また、四書五経（四書は『大学』『中庸』『論語』『孟子』、五経は『易経』『書経』『詩経』『礼記』『春秋』という経典）も儒学の重要法典として江戸幕府の公教育にも取り入れられ、寺子屋でも扱われた。四書五経の中の『論語』がいま小学校の「国語」にも掲載されているが、時代錯誤も甚だしい。

＊池田光政と閑谷《しずたに》学校　一六六八年、岡山藩主池田光政（一六〇九～八二）が熊沢蕃山を重用して農民・商人の子どもたちのために一二三校の郷校を造った。その翌年、さらに学びたいもののために造ったのが閑谷学校。しかし財政難のためにやがて郷校の多くが廃止された。

＊孔子　ＢＣ五五一～四七九。中国の春秋戦国時代の諸子百家の一人。人間の生きる道（仁）を説き、その実践のために克己・怒・忠・信などの実践を説いた。

＊漢と初代皇帝高祖（劉邦）　中国の戦国時代は秦の始皇帝が終わらせたが、その死後まもなく全国各地で反乱が起こり、秦が滅ぶ。そうした中で農民出身の劉邦（ＢＣ二五六～一九五）が地方貴族出身の項羽に打ち勝ち、漢の国を造り、初代皇帝高祖となった。

＊大坂を基点とした経済　江戸時代後期、全国の大名が大坂にある蔵屋敷に国元の米や特産物を置き、

それを金に換えて藩財政としていた。一方、当時人口の最も多かった江戸は大消費地で、大坂から物資を運ぶために開かれた海路を使って、経済が回った。

＊読み書きそろばん　江戸時代になって商業活動が盛んになると、庶民も文字の読み書きと計算する能力が必要になった。そのため六・七歳から寺子屋に通い、「いろは」から始めて「読み・書き・算盤（計算）」を習得した。教材には『庭訓往来』や『四書五経』などが用いられた。

＊皇族　天皇の一族のこと。一八八九年の皇室典範によりその範囲が規定されている。皇族は枢密院会議、皇族会議に出席することができ、また貴族議員になれるなどの特権を有した。現行憲法下の皇室典範ではその範囲・特権が大幅に縮小した。

＊華族　一八六九年の版籍奉還後、明治政府は公卿・諸侯の称号を廃してあらたに華族と定めた。一八八四年からは爵位（公・侯・伯・子・男の五段階）が与えられ、貴族院議員になれるなど特権を有していたが戦後廃止された。

＊新平民　一八七一年の解放令によって定められた被差別部落民への差別的呼称。解放令の後も「新平民」は差別され続け、戸籍にも差別的呼称が記された。

＊旧土人　明治維新後のアイヌ民族に対する差別的呼称。アイヌ民族の同化教育のために北海道各地に「旧土人学校」（小学校）が造られた。「土人」という言葉は「土地に住む人」のことで差別語ではないという人もいるが、語源はそうであっても実態は差別語として使われた。

＊福沢諭吉と『学問のすゝめ』　福沢諭吉（一八三五〜一九〇一）は幕末から明治初期にかけての武士・啓蒙思想家・教育者。福沢の著書『学問のすゝめ』は明治維新期の代表的啓蒙書。封建道徳を否定し、人間の平等・自立を訴え、そのために学問が必要であることを説いている。のちに福沢はアジアを見下すようになり政府の中国大陸侵略を支持する。

＊憲法二六条　日本国憲法第二六条は第三章にある条文で、教育を受ける権利および義務教育について次のように規定している。「すべて国民は、法律の定めるところにより、その能力に応じて、ひとしく教育を受ける権利を有する。」「②すべて国民は、法律の定めるところにより、その保護する子女に普通教

育を受けさせる義務を負ふ。義務教育は、これを無償とする。」

＊富国強兵、殖産興業　明治政府が推し進めた日本の資本主義化と近代的軍事力を持つためのスローガン。殖産興業（産業を興すこと）によって資本主義を発展させて国を豊かにし（富国）、それによって軍事力が高まる（強兵）というもの。アイヌの大地であったアイヌモシリ（北海道、サハリンなど）、琉球王国（沖縄）、台湾、中国大陸、朝鮮への侵略にもつながるスローガンだったと言える。

＊『窓際のトットちゃん』　女優である黒柳徹子（一九三三〜）の自伝的物語。一九八一年、講談社刊。いろいろなことに興味を持ち、一瞬も黙っていられないトットちゃんは、小学校を退学させられ、トモエ学園に入学する。そこで受けた子どもの個性を大切にする自由教育の体験を描いている。

＊鈴木三重吉　一八八二〜一九三六。児童文学者。児童文学雑誌『赤い鳥』を創刊し、「綴方教育」の発展に尽くした。

＊『赤い鳥』　一九一二年創刊の児童文学雑誌（一九三六年廃刊）。鈴木三重吉が創刊し、島崎藤村、芥川龍之介、森鷗外、北原白秋らが児童文学を寄稿した。

＊『白樺』　一九一〇年創刊の文芸雑誌（一九二三年廃刊）。武者小路実篤、志賀直哉、有島武郎などが寄稿し、個人主義・自由主義を基調とした。『白樺』の参加者は「白樺派」と呼ばれ、大正期の日本文学に大きな影響を与えた。

＊視学　戦前まで設置されていた地方教育行政官。学校の視察、教員の指導・監督、教員の任免などを司り、教育現場から恐れられた。

＊綴方《つづりかた》教育　型にはまった道徳性の強い作文ではなく、子どもがその実生活から感じ取ったことなどを率直に作文にすることを奨励する教育。教育者の芦田恵之介（一八七三〜一九五一）が始め、鈴木三重吉などによって大正期に「生活綴方運動」として教育現場に広がったが、昭和になって軍国主義教育が進むと大弾圧を受けた。三浦綾子の『銃口』や壺井栄の『二十四の瞳』は綴方教育の弾圧を扱った小説。

＊ルソーの「一般意志」　フランスの哲学者のジャン＝ジャック・ルソー（一七一二〜一七七八）が提

唱した「社会契約」の基本概念で、共同体(国家)の成員である人民が総体として持つ意志のこと。ルソーはその著書『社会契約論』で、国家はすべての人間の自由・平等をこそ保障する仕組みでなければならないとし、自己の利のみを追求する個人の意志の総計ではなく、高次の市民的自由・道徳的自由を構成原理(一般意志)とすべきと考えた。この理論は後のフランス革命にも影響を与えた。

＊壬申の乱　六七二年、天智天皇(中大兄王)亡き後に起こった、後を継いだ天智天皇の子・大友王と天智天皇の弟・大海人王(天武天皇)の争い。小学校社会科ではこの事件は取り上げられず「大化の改新」のみが教えられる(中学校社会科では触れられる)が、蘇我本宗家のみを倒した「大化の改新」よりはるかに大きな事件である。

＊保元の乱　一一五六年、皇位継承問題や摂関家の内紛により、朝廷が後白河天皇側と崇徳上皇側に分裂し、それに源氏と平氏が加わって勃発した争い。崇徳上皇側が敗北し、上皇は讃岐に流された。この争いは一日で終わるが、武士が権力を握る基点となった。

＊南北朝の争乱　鎌倉時代後期に、天皇家が持明院派(北朝)と大覚寺派(南朝)の二つの系統に分かれて、鎌倉幕府滅亡後対立し、各地の守護や国人たちもそれぞれの利害関係からどちらかについて戦乱に明け暮れたこと。一三三七年、建武の新政(一三三三)の崩壊を受け足利尊氏が京都で新たに光明天皇(持明院派)を擁立し、京都を脱出した後醍醐天皇(大覚寺派)が吉野に朝廷を遷した時から、一三九二年に南朝第四代の後亀山天皇が北朝第六代の後小松天皇に譲位するかたちで両朝が合一するまで続いた。

＊天野貞祐　一八八四〜一九八〇。哲学者・教育者。第三次吉田内閣の文部大臣(一九五〇〜五二)。教育刷新委員会、中央教育審議会の委員を務めた。

第四章　ブラック化する現代教育

一、教育制度はどう変えられたか

1　上意下達の制度

教科書選定の仕組み

二〇〇〇年代前半まで、各教科でどの出版社（教科書会社）の教科書を使うかというのは、校長・教頭・教員から成る教科書選定委員が二社の教科書を選定し、教育委員会がその中から一社にしぼりこんで決めることができました。教科書選定委員会では、この教科書の何がよくて何が悪いのかを詳細に議論しました。また、教科書会社の人も、自分のところの教科書に何か問題がないか、現場の教員に聞き取りに来たりしていました。

このような教科書の決め方は細かな違いはあっても全国共通だったと思います。

しかし今は違います。「**新しい歴史教科書をつくる会***」（略称「つくる会」）が歴史教科書を作り始め、それが教科書検定を通った二〇〇一年からは、現場の教員が教科書選定に関係することができなくなりました。仮に教科書選定委員に選ばれたとしても、各教科書の内容を比較検討して教科書に優劣をつけてはいけないことになりました。では何が議論されるかと言うと、「写真がきれいだ」とか「装丁がいい」程度の、いわばどうでもいいことです。内容を議論することのない「教科書選定」という「手続き」

を経て、首長の意見なのか教育委員会のだれかの意見なのかわからないままに、ある日突然、その市町村で使う教科書が決定されるのです。首長の〝鶴の一声〟で決まることもあると言います。その結果、教育現場ではまったく予期していなかった教科書が選ばれることも多くなりました。

教科書が変わるというのは、現場の教員にとっては一大事です。使う教科書に合わせて教材作りをするのですから。特に国語などは、教科書会社によって載っている教材がまったく違います。同じ教材があったとしても、その内容に大きな開きがある場合があります。たとえば、教育出版の国語教科書と光村図書の国語教科書にはどちらも椋鳩十の『**大造じいさんとがん**』*が載っています。あるとき、国語の教科書が教育委員会の〝鶴の一声〟で変えられました。双方の国語教科書を見て驚きました。教育出版版には大造じいさんとがんがまさに今闘っている話が載っていて、光村図書版には大造じいさんが若かりし頃がんと闘ったという思い出話として載っているのです。

「つくる会」の歴史教科書の特徴は、「大東亜戦争（「アジア・太平洋戦争」のこと）は正しかった」とか「日本は天皇中心の神の国」という戦前の歴史観を継承するような内容になっていることです。これは安倍首相の考えとほぼ同じものです。

自己目標と評価と人生設計

教員の社会はかつて「年功序列」の社会でした。

給料は年齢による差のみで、その意味では子どもときちんと向き合う教員も子どもと向き合わない教員もみな同じ給料だったわけです。しかしやる気のある教員にとっては「上」の意向を気にせずに仕事と向き合うことのできる給与体系でした。

現在は違います。教育委員会の教育長が校長を、校長が教員を評価し、給料やボーナスに差をつけるのです。何を基準に校長が教員を評価するかと言うと、「自己目標」という〝目標〟に対する到達度です。

教員は校長と相談して「自己目標」を書きます。これは言葉通りの「自己」の「目標」ではありません。校長が決めた方針に沿って、校長と相談しながら自分の「目標」を書くのですから、校長の意向が反映されています。さらに、「いじめ対策」についての「目標」も書かなくてはなりません。このとき、間違っても、「子どもたちを能力別に分断する仕組み」や「学力競争の激化」がいじめの一因になったというような〝本当のこと〟を書いてはなりません。国の教育政策に疑問を持ったり、校長に意見を言うような教員はたいていの場合〝高い評価〟は得られません。校長の〝器〟によりますが、〝お上〟の言うことを率先して行ったり、学力テスト体制に熱心に取り組む教員が〝高い評価〟を得られやすいのです。

給料やボーナスだけではありません。三月の人事異動では教育委員会の〝評価〟がものを言います。〝お上〟にとって使い勝手のよい教員と、そうではない教員とでは明らかに異動先が異なっているのです。賃金や勤務先に差をつけるこうした仕組みは最近完成されました。そのため年配の――四〇代以降の――教員はまだいいのです。二〇代の若手の場合、上からの「評価」が高いか低いかによって生涯賃金ですさまじい差が生じます。

そうなるとどうなるか。校長が「やる」と決めたことは何でもすんなり通ってしまうことになりました。つまり子どものことを考えて校長に意見したり、〝お上〟の方針通りにやらない教員がいなくなっていくのです。教育者としてのポリシーなど持ってはいけない時代になったということです。これから教員として生きていくうえで大切なのは、教科の専門性を高めたり、子どもとの信頼関係を作ることよりも、〝お上〟から降りてきた仕事を効率的に行うこと、つまり工場の〝歯車〟に徹するということです。それが〝できる教員〟となるのでしょう。

自己評価と反省

かつての教育現場には「年度末反省」というものがありました。一年間のさまざまな学校行事について振り返り、次年度は何を新たに行い、何を削るのか――それを職員会議の場で話し合い、決めていました。

しかし今、「年度末反省」はありません。代わりに「自己評価」というものがあります。これは、学校で決めた今年度の目標にどれくらい近づいたかを自己申告し、次年度の目標を決めるというものですが、実際は校長（管理職）が教員に自己評価してもらいたい内容を決めています。ここがポイントです。管理職が教員にしてほしいことは、たいがい国（文科省）や教育委員会の方針に則ったことなので、教員として自分が本当にやりたいことではありません。そしてそれらの項目を自分で四段階評価するのです。

管理職がこだわる内容は、たとえば「学力を上げる取り組み」であり、「中学校に行っても困らないように、中学校に合わせた取り組みをすること」（「小中連携」という名ではあるが、実態は小学校を中学校の下請け機関にする）であり、「特別の教科・道徳の評価や実践」などです。それらはみんな「こんなことやったら子どものためにならないなあ」ということばかりです。そうしたことを自己評価するのですから現場の教員たちはみんなウンザリしています。「やりたくないこと」をきちんとやっているか評価され、評価の点数が悪ければ自己反省させられるのですから、結局、やりたくないことを率先してやるしかなくなるのです。あとからいろいろ言われるので、ひとまず形だけ従っておけばいいやということになります。そんなことで「よい教育」などできるはずがありません。

この「自己評価」制度は「PDCAサイクル」とも呼ばれています。国策教育に従って「プラン」を立て(plan)、「実行」し(do)、「結果」を「チェック」し(check)、「行動」する(action)、人呼んで「恐怖のPDCAサイクル」が全国の教育の場で行われているのです。なぜできないのかを永遠に自責し続けるサイクルです。

この「自己評価」の反省に下手なことを書くと、ますます「やりたくないことをさせられる」ので、多くの人は意見を書きません。結局、管理職とその取り巻きだけが「上」の意向に沿って意見を書き、次年度から、子どもや教員にとって、よりブラックな学校になっていくのです。教育の悪循環の根源と言えましょう。

職員会議は決めたことをパソコンで連絡する場に

職員会議では教員たちが対等の立場から意見を言い合い、時間をかけて結論を出していく――という時代は過去のものになりました。

まず、今の教育現場には時間がありません。「外国語(実態は英語)」の授業時間が増えたため、高学年の六時間授業の日が週に四回になり、五時間授業の日が週に一回だけになってしまったのです。この五時間授業の日を、子どものクラブの日にするか、委員会の日にするか、職員会議の日にするか——をまず決めなければなりません。五時間授業の日を子どものクラブの日とすると、職員会議は六時間授業の日に行うことになります。子どもがみんな下校してからやるとなると、議題を十分に議論する時間がとれないことになります。

　そのため「会議の効率化」が言われるようになりました。かつては、たとえば議題が「運動会」なら、その係になった教員が職員会議で内容を提案し、みんなで議論をしてどうするかを決めていました。しかし今は、委員会の代表の教員が事前に管理職の意向に沿って意見をまとめておくので、それを連絡するだけです。学校が校長を頂点にしたピラミッド型社会になり、職員会議は議論する場から指示・命令・連絡をするだけの場になったのです。

　そのことについて管理職がもっともらしく言う理由が「効率化」です。会議の場で「上」の意向を伝えているだけですから、たしかに「効率化」です。ただし世の中で最も効率がいい会議は議論などしない「全体主義」の組織の会議でしょう。職員会議で「それ、違うと思います」と意見を言うことは、「効率よく」「粛々と」進められる会議の空気をぶち壊すようなものなのです。多くの学校で意見を言う教員がいなくなり、やがて「上」に従順な〝羊〟教員や「上」の意向を忖度する〝ひらめ〟教員ばかりになっていきます。教育現場では「効率化」という言葉は、今やモノを考えさせない、教育を破壊させる言葉になっています。

　また、職員会議の議題は、紙に書かれるのではなくパソコンに入れられるようになりました（グループ・ウェア＝GW）。職員会議の時間前の教員たちはパソコンを開いて「おおわらわ」です。しかし、結局、紙に印刷しなければ子どもへの指導には使えません。職員会議が終わった後はみんな一斉に紙に印刷します。

職員会議とは別に週に二、三回行っていた会合に「朝の打ち合わせ」があります。これは子どもの細かな問題について話し合う大切な場でした。しかし「朝の打ち合わせ中に子どもに何かあったらどうする」という理由で、それが廃止になる学校が増えています。伝えたいことはパソコンでということです。

「ペーパーレス」などとうまいことを言ってますが、要は、みんなで話し合い、より良い教育を行う学校教育から、〝お上〟の意向をパソコンを使って一方的に「効率よく」指令する学校教育へと変えられたのです。しかもこのグループ・ウェア、だれがパソコンを見て、だれが見ていないか、チェックできるのです。パソコンを数日見ていない教員は、そのことに気づいた管理職から「学年主任」などを通じて「注意」されるということも聞いています。

しかしこのグループ・ウェアには、重要な内容と、どうでもいい内容が混在しています。四月初めの三日間で百数十件のメールが入っていて、見るのもうんざりしたと言う人もいました。

金太郎飴のような授業研究

どういう教材を使い、どういう切り口で子どもたちに教えるか、それを公開するのが「授業研究」「校内研究」です。それぞれの教員の個性が現れます。かつての授業研究には時々おもしろいものがあり、自分でも使えそうな技は自分なりに消化して授業で使っていきました。

　しかし今の授業研究や校内研究でおもしろいと思えるものはありません。それよりもどこでだれの授業を見ていても、「学習規律」が同じだということが気になります。子どもたちの机の上を見ると、どこの学校でも右側にノート、左側に教科書です。筆箱には三本の鉛筆を入れ、一本は机上に出して置く。ノートの見開き二頁に一時間分の板書（授業内容）をまとめるように書く。教員は黒板に書いた課題を赤いチョークで囲み、まとめを青いチョークで囲む。そして必ず授業の中で前時の振り返りをする。どこに行っても、どこの学校でも、指導主事の力で学習規律の順守が徹底されています。指導主事は一年に何回も学校に来て校内研究の担当者に学習規律が守られているかどうか聞くのです。そのためどこもかしこも同じ学習規律の金太郎飴のような学校ができてしまったのです。

　しかしそんな指導主事の言うこともあまりまじめに聞いてはいけません。あるときは学習規律を教室に提示しているかのチェックをしますが、「上」から別の指示があれば別のチェックになります。変幻自在のチェックと指導。いや、いい言葉がありました。「朝令暮改」です。戦前の視学もこういうものだったのでしょうか。

　現在行われている授業研究は、教える内容が教科書から一歩も出ないものばかりです。教える内容の分析も教科書の指導書通り。指導書に書いていることさえ教えていれば、中身なんてどうでもいいのです。管理職も指導主事も口をはさみません。それが一番「安全」です。

　「その授業で教えるべきことを子どもたちが理解できたかどうか」「こんなに子どもたちが深く考えた」などの授業の核心の部分は、もはやどうでもいい時代になりました。授業研究を〝お上〟が決めた基準をクリアしているかどうか四段階で評価するような地域さえ現れました。つまり子どもにとって「学び」がわかったかとか「学び」に興味・関心を持ったかなどは問題にされず、〝お上〟の指示した指導法通りにやっているかどうかだけが問題となるのです。

したがって、どこのだれの授業も同じ方法になるしかなく、しかも教科書のおかしい箇所も批判せず、教科書一辺倒なので、授業研究はほとんど意味のないものになってしまいました。教科書の指導書（赤刷り本）*には、教え方がこと細かく記されています。それに従って授業をする教員たちに、「子どもを見て、自分で考え、自分で創れ」と言いたくなります。

2 今や子どもを選別することが〝教育〟

現代教育の根幹の考え方

現代の教育は、子どもたちをひたすら競争させ、その結果を数値化し、それを「専門家」と称する人が判定して、子どもを分けていくものです。そうするように日本中が煽られています。

小学校に入る前に「知能テスト」をやり、その結果を「専門家」が判定し、子どもを「普通学級」と「特別支援学級」に振り分けます。

「普通学級」でも、算数の「わかる子」と「そうでない子」に振り分けて、「そうでない子」は別の教室で教えられます。

「普通学級」で少し周りと合わせられない子どもがいたら「専門家」に判定してもらいます。「専門家」

は「客観的」と言われているらしい数字を出してきて保護者を説得し、その子どもを「特別支援学級」に入れることもあります。それが「個々の子どもに合わせた」「きめ細やかな教育」だと信じられているのです。「専門家」が出す数字は一つの参考に過ぎません。その子がどういう場で学ぶのがよいのかはよくよく考えなければなりません。

教育とは――もちろん「許容範囲」はありますが――できるだけいろいろな個性の子どもたちが勉強も生活も協力し合い、時には対立しながらも互いの人格を認め合っていくことをめざすものです。「子どもたちを分断する」のではなく、彼らが興味を持つ文学や芸術、自然科学、社会科学などの力を借りながら子どもたちが互いを高め合うことが大切なのです。「競争」「分断」「管理」ばかりしていていったい何が残るというのでしょうか。

なぜか急増する特別支援学級

数年前、ある学校で四四人の六年生が修学旅行に行きました。一泊旅行だったので事前に健康調査をしたところアトピーとアレルギー性鼻炎のある子どもが七人、果物などの食物アレルギーのある子どもが三人いるとわかりました。また、ある小学校の一年生の一クラスが耳鼻科による検診をしたところ二一人中一五人にアレルギー性鼻炎があると医師が判断しました。

ほかにもこんな子どもがいます。小学校に入学して教室に入れなくなって暴れる。中学年・高学年になっても感情を制御できなくなって暴れる。いくら漢字を教えてもすぐに忘れる。算数の計算がどうしてもできない……。

アレルギーがある子どもや精神的に不安定な子ども・学習能力に問題のある子どもは、この一〇年間を見ても確実に増えています。「しょうがい」に対する見方が変わったというだけではなく、人の何かが変化してきているように思えます。

この一〇年ほどでどうして「しょうがい」のある子どもがこれほど増えたのでしょうか。精密に検査するようになったからでしょうか。それとも学習指導要領の「学力重視」で授業が難しくなったからでしょうか。あるいは、予防接種のし過ぎ、携帯電話の電磁波の影響、食べ物の添加物のせい……？ そういった諸々が複合した結果でしょうか。結局、よくわかりません。

特別支援教育をどう進めるか

特別支援教育は「その子に合った最適の教育を」という謳い文句はいいのですが、実際の教育では「最適の教育」がどのあたりなのか、そのバランスが難しいものです。たとえば次のような問題があります。

一つ目の問題は、「普通学級」の授業についてこれない子どもをすぐに「特別支援学級」に振り分けてしまうということです。その結果、特別支援教育の子どもがどんどん増えて、全校の一割くらいを占めることもあります。今の教育は「学力競争」で背伸びに背伸びを重ねていますから、学習内容が難しくなっているのです。また、教員が学習内容をわかりやすくする自由も奪われています。

二つ目の問題は、「その子どもに合った最適の授業は何か」ということの判定が難しいということです。たとえば「普通学級」で行っている授業を個別に丁寧に教えることが本当にその子に合っているのか。授業よりも自立して生活できるようにすることに重点を置いた教育（生活単元学習）をたくさんするべきなのか。あるいは保護者の要望に沿った教育をするべきなのか。こういったことがよくわかりません。それらのバランスをとることがとても難しいのです。

　そもそも「普通学級」の授業が子どもたちに無理をさせているのですから、それを丁寧に教えようがどうしようが子どもたちに無理をさせることに変わりありません。その子どもには何が必要か、何を教えるべきなのかということを見極める教員の〝眼力〟が大切になってきます。

　ひたすら生活単元学習ばかりするという選択もあります。担任の好みで一週間に何度も調理実習をやったりボーリング場に連れて行ったり。しかし、これらは本来の学びとは思えません。たしかにそうすれば子どもも保護者も大喜びですが、生活できるだけの文字の習得や数量認識、社会認識・自然認識の一切を無視していいのでしょうか。

　また、保護者がとんでもない過度な要求を学校にしたり、モンスター化したりすることもあります。そうした要求には、子どもが「特別支援学級」に入ったけれど「学び」を取り戻したら「普通学級」に戻れるのではないかという思いが含まれていることがあります。

　それもこれも、より良い特別支援教育を創っていくための「産みの苦しみ」と言えましょう。

特別支援教育と子どもたちの将来

　特別支援学級の子どもたちは、小中学校まではその地域の学校に行きます。しかし高校になると、特別支援教育を行う学校は少なくなり、そこに入学するには試験に合格しなければならなくなります。要は地域に特別支援教育を行う学校がないのです。もし近くにある特別支援教育を行う学校の入学試験に落ちたら、保護者から離れ、寄宿舎のある遠くの学校に通わなければなりません。

さらに、その先の就職はどうでしょうか。その子どもの適性に合った仕事が見つかればいいのですが、今の日本社会にそうした子どもを受け入れる懐の深さがあるとは思えません。効率性と生産性ばかりを求めて、それに合わない人を選別・差別する時代なのですから。

「上司」に言われたことに疑問を持たずなんでも「ハイ」と素直に答える人間、社会に順応できる人間となるように学校で教えるべきだという考えがあります。しかし、特別支援教育を受けてきた子どもには、当たり前ですが、人権があります。「おかしい」ことに対しては「おかしい」ときちんと言えることも必要なのです。また、子どもには文化を楽しむ権利もあります。芸術活動や文化財に接することを通じて、感性を豊かにしていくことも必要です。

複数指導の加配

最大四〇人の学級の子どもを教えるのに、一人の教員では手が回りにくいので、もう一人教員が付く教え方があります。二人で一学級の子どもを教える方法を「チーム・ティーチング」（＝ＴＴ教育）と言っています。主になって教える教員を「Ｔ１」、それを支えて教える教員を「Ｔ２」と言います。ＴＴ教育は教育委員会に申請し、認められると、学校に一人、教員が多く配置になります（これを「ＴＴ加配」と言います）。

学校教育で複数の目が必要になるのは、社会見学や理科の実験、水泳指導、家庭科の調理実習、ミシン学習などで、多岐にわたっています。しかし現在の教育では、国際競争に勝てる人材を育てるということが求められており、国家戦略から見たら調理実習やミシン学習などはどうでもいい学習です。そのためＴＴ加配は算数か外国語活動に限定して認められます。

習熟度別学習の実態

現在、小学校は一学級四〇人までと決められています。しかし本当は二〇人くらいが適正の人数で、ヨーロッパでは実際二〇人前後で授業を進めているようです。「四〇人では多い」というのが日本の小学校の学級担任の本音ですが、〝お上〟にそれを解消しようという動きはありません。また、「昔は**五〇～六〇人の学級***だってあった」ということを言う人もいます。しかし現在は「上」から命じられるさまざまな活動をこなさなければならず、教員の仕事量はハンパではありません。

　そこで前述の一学級を二人で教える方法が考え出されました。学級を二つに分けて教えるのです。あるいは一人が全体指導をし、もう一人が子どものノートなどを見ながら、わからない子どもに教えていくというケースもあります。

　しかし、教育委員会のやってほしい「ＴＴ教育」は、そうではありません。「できる子ども」と「できない子ども」に分け、「できない子ども」は他の教室に行って教えるという「習熟度別学習」「能力別学習」です。「わかる子ども」は「ドンドンチーム（うさぎさんチーム）」、で、「わからない子ども」は「ゆっくりチーム（カメさんチーム）」などと言って、要は体のいい子どもたちの「分別」を行っているのです。

　これは、さまざまな子どもが一緒に議論し、自分の考えを見つめ、仲間を認め合い、成長していくという学級作りにとっては邪魔な方法です。しかし、そうしなければTT加配はありません。

3　教育の矛盾の行き先

警察を学校に入れる

かつての学校はよほどのことのない限り校内に警察を入れませんでした。

一番身近な交番の警察官は「地域のおまわりさん」という良いイメージがあるものの、その一方で国家権力の一部として民衆を弾圧する側にもまわります。治安を維持するという名目で、歴史的にいったいどれほどの人が弾圧されてきたことでしょうか。

とにかくよほどの事件がない限り、学校に警察を呼ぶことは教育現場では慎んできました。

しかし今は違います。中学校・高校でけんかがあったらすぐに警察を呼ぶ。小学校でも警察から「不審者が侵入したときの避難訓練をせよ」と言われ、「さすまた」(相手の動きを封じるために先端がU字形になった捕具)が学校に置かれるようになりました。避難訓練のときにも警察が呼ばれます。小学校一年生があるコンビニでガムを一個万引きしたら、マニュアルに沿って警察に通報され、パトカーで連行されたということもありました。このコンビニにとっては小学校一年生も中高生も大人も同じ扱いなのです。

程度によりますが、教育現場に安易に警察を呼ぶ風潮は考えなければならないものだと私は思います。子どもは失敗を繰り返しますが、その失敗に気づき、成長していくものでもあるのです。

江戸時代の捕り物で使うようなさすまたを学校に常備する、あるいはなんでもすぐに警察へ通報し、拳銃を持った警察官が現れる、という状況はやはり何かおかしくはないでしょうか。

いじめ調査

教育に関するさまざまな調査・統計のうち、「いじめ調査」ほどあやふやな調査はないでしょう。「いじめ」というのはたしかにあって、「立場の弱い子どもが大切にされる学級」をめざすのは教育の王道です。しかし、まず何をもって「いじめ」と言うかとなると、はっきりしません。学校では「いじめ調査」が行われ「いじめ撲滅月間」が設けられます。いじめ撲滅の標語を作れとか、自己評価にいじめ対策を書けとか〝お上〟からはさまざまな指示がきます。いじめが起こるのにはさまざまな原因がありますが、そもそも教育現場をギュウギュウに締めつける〝お上〟からの指導のしわ寄せが子どものいじめの原因になっている場合だってあります。「能力別学習」「習熟度別学習」「学力競争」などはいじめの原因そのものになり得るのです。

また、小学校一年生に「いじめの標語を作らせろ」と言われても、一年生には「いじめ」が何かがよくわかりません。しかし、教員は「上」からの命令に従ってみなわかったふりをしていじめ標語を一年生に作らせています。

二〇一七～一八年にかけて、日本全体で「いじめが四三・八パーセント増えた」（北海道新聞）と言われても、「こんなどうとでも取れる調査から何がわかるのか」と言うしかありません。深刻ないじめから「ちょっと嫌な思いをした」というものまで含むからです。それにしても「四三・八パーセント」とはものすごい数字です。もっと騒ぐべき大問題でしょう。大本の教育体制が限界にきているのです。

　実態の見えないこの「いじめ調査」でも見えてくることがあります。不登校が前年比で小学校一二・九パーセント、中学校で四・九パーセント増えたということです。「不登校」は、社会・学校・地域・家庭、そして本人の意識など、さまざまな要因がからんで起きます。しかし不登校の一番の原因は、学校の教育活動にあります。これは当たり前のことです。ですから「不登校が絶対悪」で、学校に行くことが必ずしも「善」ということにはなりません。管理化の進む学校教育を敢えて拒否している「登校拒否」だってあることでしょう。子どもたちは疲弊し、それが原因で不登校になったり、学級崩壊の多発につながっているのです。

　「いじめ調査」によれば、「暴力行為」は中学校・高校ともに減少傾向なのに、小学校一・二年生が五割増だそうです。中学・高校と、小学校一・二年生の「暴力行為」をいっしょくたにするのもどうかと思いますが、小学校低学年の暴力行為の増加は実感としてもわかります。毎日五時間授業の小学校一年生。宿題と家庭学習と管理教育とゲームと「孤食」の日々……。子どもたちの置かれている環境を今、日本中が見直すチャンスだと思います。

　教育現場では学校が望んでもいない取り組みや校内研究を一方的に押しつけ、意に沿わない管理職や教員には見せしめの人事を強行してきた教育委員会こそ、「いじめ」の元凶ではないかと思います。

小学校は中学校の下請け機関——小中連携

　学校教育には困った〝習性〟があります。

中学校の矛盾は小学校のせい、小学校の矛盾は幼稚園・保育所のせいと、より年齢の低い教育機関のせいにしやすいということです。

その一方で、幼稚園で文字や計算や英語を教えたりします。そんな小学校教育の〝先取り〟教育をウリにして入園を促す幼稚園さえあるのです。「公教育の矛盾に抵抗する教育をします」という幼児教育はないのでしょうか。

幼稚園・保育園と、小学校にギャップがあるのは当たり前の話です。期待と不安を持って小学校に入学した子どもたちが、入学後に大きなギャップを感じることになるのは、小学校のカリキュラムのせいなのです。かつて一年生は、一時間授業の日、二時間授業の日、三時間授業の日といったように、一カ月ほどかけて徐々に授業時間を延ばし小学校の授業に慣れさせていきました。そして五月のゴールデン・ウィークあけに給食を始めるというように、ゆっくり小学校生活に触れさせていきます。しかし今や入学した翌週には午後までの五時間授業で給食も開始ですから息つく暇もありません。「学力向上」のための「授業時数確保」の行きついた先がこれなのです。

最近、問題になっているのは、「小中連携」という名目で中学校の教育の下請けを小学校にさせようという流れです。中学校の学習方法を小学校にも押しつけて、中学校に入ってから有無を言わせない戸惑わないようにしようというのです。

中学校に入るときも、子どもは期待と不安でいっぱいです。当たり前の話です。それを中学校に合わせて、学習規律や宿題のあり方を小学校のうちから統一させるなど、ほんの数年前までは考えられなかったことが今起きています。

中学校は「学力競争」の激化を直接受けて不登校が増え、大変なことになっています。まして〝お上〟の意向を無批判に受け入れている学校の場合はなおさらです。二〇一八年一二月一三日付『北海道新聞』夕刊によると、全国の中学生三二五万人のうち「不登校」は一〇万九〇〇〇人（二〇一七年、文科省調べ）。しかし学校へ行くのを嫌がる「仮面登校」、保健室などで過ごす「教室外登校」、遅刻や早退の多い「部分登校」も含めると三三万人に及び、なんと中学生全体の一〇人に一人が不登校か不登校傾向にあるというのです（日本財団調査）。もはや「学力競争政策」は破綻しているとしか言いようがありません。しかし日本中が「学力競争」は正しいという前提に立っていますから、こんな異常な数字を見ても「おかしい」「教育にもっとゆとりを」とはだれも言いません。

小学校はまだ――あくまでも中学校と比較してですが――不登校は少ないのです。そのことに対して中学校からは「小学校が甘いからだ」と言われます。そして、「小学校から中学校に行くときのギャップ（中一ギャップ）をなくすために学習規律を統一しよう」というのが、今はやりの「小中連携」の考え方なのです。それどころか、中学校教員を小学校に出張させ、中学校式の教科担当制（教科によって教員が変わる）を小学校に強引にさせて「小中連携」だと押し通す校長もいます。

しかし、小学校は中学校に比べて「点数学力競争」への圧力が弱く、不登校や学校嫌いが中学校よりまだ少ないようです。「点数学力競争」を教育委員会のお気に召すようにやったら、たちまち学校を拒否する子どもたちが増加することは目に見えています。

今、国が政策として推し進めようとしている「小中連携」とは、「点数学力競争」のための学習体制により小さいうちから慣れさせること、小学校一年生にまで拡大することと言えましょう。

「学力向上」にしても、そのための「小中連携」にしても、教員はみないやいやながらに、子どもたちに無理やりさせています。そのことをマスコミはわかっていません。「学力向上」「小中連携」の取り組みがまるですばらしいことのように報じます。それがさらなる「点数学力競争」を煽っていることに気づいていません。

学校で一番忙しい時間

教員にとっても、子どもにとっても、小学校の時間帯で一番忙しい時間があります。給食の時間です。あらゆる時間が「点数学力」のために使われ、そのしわ寄せが給食時間にきているのです。

一学級に四つの班があるとしましょう。一二時二〇分に四時間目終了のチャイムが鳴ったら、さあ忙しい。一班が給食を教室内に運びます。その間にほかの三つの班は手洗いと身支度をします。その三つの班のうちの一班はパンや牛乳を配ります。もう一班は食後に牛乳パックを洗ってリサイクルするための水をバケツに汲んでおきます。残る一班は特別教室の掃除に行きます。

教員はそれを横目で見ながら、宿題や家庭学習、朝学習の「まる付け」です。「学力向上策」で宿題・家庭学習・朝学習は全校で行うことが決まっています。ここで「まる付け」をしておかなければ、放課後の仕事が膨大になるし、できれば、その日のうちに採点して返しておきたいのです。この間、約一〇分。体育や図工で一二時二〇分に教室に戻ってこられなかったら、その時間はもっと遅れます。

早くて一二時三〇分ころに「いただきます」をして、一二時四〇分に「おかわり」、一二時五〇分に「ごちそうさま」です。食事時間はスムーズに行って一五分強というところでしょうか。

それから急いで後片づけです。給食用具を下げ、給食用テーブル拭きでテーブルを拭き、バケツの水で各自牛乳パックを洗います。牛乳パック洗いの時に床に水がこぼれるのでそれを雑巾で拭き、給食用のテーブルを廊下に下げる。それからみんな自分の椅子を上げます。六時間授業や放課後学習で放課後に教室掃除ができない日が多いので、給食後の昼休みにそのまま掃除をするためです。掃除当番に当たっていない子どものみが昼休みとなります。

昼休みの時間は二〇分です。少しはゆったりできるかと言うと、そうではありません。児童会活動をする時間が削られたことから、昼休みを使ってそれをするのです。そのうえ、だれが考えたか知りませんが、学校には「五分前行動」というルールがあります。休み時間が終わる五分前には教室に戻ることになっています。分単位で行動させられる子どもたちにゆっくり休む暇はありません。

過労死ラインの労働の原因

私は学校教育がのんびりしていた時代を知っています。そのころの教員の労働環境と、過労死ラインを超える現在の労働環境とはどこが違うのでしょうか。のんびりしていた時代は、学級担任が自分のクラスを担任し、今のように毎時間さまざまな〝サポーター〟が自分のクラスに入ってくるようなことはありませんでした。フリーの教員や校内の教科担当の教員が週に数時間クラスに入ることはありました。それで学級担任に空き時間がある程度ありました。複数の人が必要なときには担任の判断でフリーの教員や管理職に応援に来てもらうこともできました。

学芸会や運動会、児童会、図書などの係になった教員は、職員会議でその仕事内容についての提案を行い、他の教員からも意見をもらって受け持った係の仕事内容をより良いものにしていました。自分の学級を自分で見る。自分の授業を自分で考える。自分の係を自分で全うする。すべて当たり前のことでやるべきことも単純明快でした。

ただ、そんな時代にも教員を忙殺させるものがありました。行政ひもつきの「公開研究」です。「公開研究」は対外的に授業を見せるというもので、それを行わなければならない教員は、学校で統一された学級作りや授業のかたちを絶えず「校内研修」を行って確認し、公開研究にのぞまなければならず、大忙しになります。学校がそうしたことを行うのは、補助金や研究費を得るためであったり、学校の名前を教育委員会に覚えてもらい管理職や「公開研究」担当者が出世しやすくするためです。

そのような「公開研究」指定校を除いて、教員に学級作りと授業研究と係運営の自由があった時代は、教員にもまだゆとりがありました。教員にゆとりがあれば、子どもたちにとっても授業は楽しいものでした。

今はどうでしょうか。

すべてが失われました。

毎時間、さまざまな教員がクラスに入ってくる。さまざまな大人――主に教育委員会関係者――が要請してもいないのに年に何回もクラスに視察にやってきます。そして校長室でさまざまな指摘をして帰っていきます。これらは教員の忙しさの要因の一つです。

ほかにも忙しさの原因はあります。職員会議のほかにも小委員会の会合がたくさんあって毎日毎日何らかの打ち合せを行っています。しかもそこで決まるのは、教育委員会の意向に沿った結論ばかり。よりによって「忙しいから職員会議をなくそう」と言って、校長を中心とした小委員会での決定をそのままパソコンに入れてメールで指示しておしまいにする学校も増えています。これを「教育の効率化」と言っていますが、要は「上」から指示されたことをやるだけ。北朝鮮や戦前の日本の政治のやり方と変わりません。

「教育の効率化」の名のもとに職員会議を失うと同時に、「上意下達」がやってきました。「上意下達」で行われる「公開研究」は教員をより忙しくしています。対外的に行う公開の授業ですが、実際は教育委員会の顔色ばかりうかがうものです。校長が勝手に研究指定を引き受けてくることも増えました。

ほんの一〇年前までは、教員が自分の学級と自分の授業、そして自分の係の仕事に専念できました。それは創造的な仕事ができた時代でした。学級と授業と係の仕事以外ははっきり言って「雑務」です。今はその雑務ばかりがあり、自分の意に反することばかりをさせられています。教育現場から過重労働をなくすということは、職員室にタイムカードを置いて早く家に帰るようにしむけること——仕事の持ち帰りの強要——では断じてありません。

三位一体改革と民営化

数年前、ある街で給食が原因かもしれない食中毒事件があって一〇〇〇人以上の子どもや教員が病院に行きました。原因やその結果については報道されていないのでわかりませんが、一度にこれほど多くの「食中毒」が起こる可能性については理解できます。給食を効率よく大量に作れるようにするために「自校給食」から「センター方式」にしたことが一因です。各学校で給食を作っていたら一斉にこんなことになるはずがありません。

それでは今なぜ「センター方式」にしてすべての給食を市町村ごとに一括して作るのでしょうか。それは職員の人員削減のため、そして給食のコストを下げるためです。「給食センター」の民営化も広がっているのです。

二〇〇二年から始まる「三位一体の改革*」で地方にお金が入らなくなり、さらに教育費の国の負担も減らしました。そのため、どの市町村も「火の車」なのです。日本はＧＤＰ(国内総生産)と比較する教育費が世界最低レベルだそうです。みんな教育は大事と言うけれど、実際には安上がりの教育が行われ、そこで問題が起きれば現場のせいにされるようになっています。

給食は子どもたちが直接口にするものです。そこに民営化が進んだのですが、今度は学校用務員を市町村の職員から民間に委託しようという動きが出ています。

全国の教育現場を苦しめている「全国一斉学力テスト」が、実は文科省が額に汗してテストを作成したものではなく、大手教育企業のベネッセ*が作成していたことは一部で話題になりました。何でも民間委託なのです。最終的には教員や学校の運営も民間委託になるのかもしれません。

大阪では、「学力テスト」の結果を踏まえて、教員の給料に差をつけようという動きがあるそうです。教員ならば「点数学力」の低い地域と高い地域があることを知っています。また、社会の矛盾を押しつけられているような地域と、そうではない地域があることも知っています。

そうした地域差も見ることなく、単に効率化で大事な仕事を民間に任せたり、教員の仕事を数字で評価する今の風潮には納得できません。本当の「学び」とは何かなどと考えたこともない、教育を数字でしか見ることのできない薄っぺらな人間たちがただ〝お上〟の意向に従って教育行政を司っているのです。「教育の効率化」と「学力競争」の行き着く先は学校の市場化と民営化でしょう。それはこれまで以上に子どもたちに地獄を味わわせることになるでしょう。

教員のなり手がいない

教育のブラック化のつけでしょうか、最近、教員のなり手がいなくなり教育界全体が困っています。定年退職を待たずに辞めていく人もかなりいます。

仕事の量が増えているにもかかわらず、何十時間残業しても超勤手当は一切出ない。教員は働かせ放題です。病気で休む人の中には心の病で休む人の割合が多くなっています。

そうした状況に対する教育行政の対応策はまともではありません。たとえば、仕事の量は何一つ減っていないのに時間内に家に帰るように圧力をかけてきます。国の「**働き方改革***」のせいで教員が遅くまで学校に残っていると教育委員会から管理職に指導が入るようになったせいです。しかし教員が早く学校を出ても仕事が残っているので、結局はただ家に仕事を持ち帰るだけになってしまいます。また、「夏季閉庁日を設けろ」と言って、夏季休業日には学校を休みにし、半強制的に年休を使わせます。

そしてテストのまる付けをしたり、印刷を手伝ったり、教室清掃を手伝う人を雇うなど、枝葉にしかならない対応をしたり、小学校でも「(中学校のように)教科担当制を導入しろ」などと言って、およそブラック労働を改善するにはほど遠い施策ばかりが提案されます。

定年を待たずに辞めていく人の中には、こうした過重労働以外の理由で辞めていく人がいます。子どものためにならないこと、自分の本意ではないことを上意下達でさせられることに耐え切れなくなって辞めるのです。ポリシーを持って教育を行おうとする人ほど、「こんなことしたくない」「権力の片棒を担ぎたくない」と思うのです。

さらに多くの教員が口にしたくてもできない本音があります。それは教育委員会による管理職への評価の基準がおかしいのではないかということです。校内の教職員の言葉によく耳を傾け、議論を深め、みんなで協力し合う学校づくりを進める本当の意味でリーダー性を発揮するような管理職は、教育委員会から評価されません。評価されるのは、教育委員会からの意向を無批判に受け入れ、あるいは忖度する管理職です。学校内の教職員には何の説明もなしに、「上」からの意向を命令しまくるような管理職が教育委員会に評価されています。その学校にどれだけ「不登校」の子どもが増えても関係ありません。

教員と教育委員会の間には、すさまじい意識のずれがあるのです。そしてそれは修復不可能な状態です。教育委員会が教育現場に口を出せば出すほど、教員との意識のずれは深まり、その結果、子どもたちの「学びの場」が壊れていってしまうのです。

二、「学び」の内容がどう変えられたか

1　復古主義

軍国主義教育の復活

今、日本の教育は、その子らしさを伸ばし、表現していく教育から、「日本の美」や「伝統」を身につけるための教育へと変えられようとしています。

〝お上〟が言うこの「日本の美」「伝統」というのが眉唾ものです。

日本人はよく「申し訳ありません」「ありがとうございます」と言います。こうした〝礼儀〟が「日本の美」であり「伝統」のように言われます。また、サッカーワールドカップの会場で日本人の観客が率先してゴミ拾いを行ったということが美徳として海外メディアで報じられたりもしました。こうした行いも「日本の美」とされています。

テレビをつければ、「日本はこんなにすばらしい」「日本人は優秀だ」という番組がよくやっていますが、あからさまに自分や自分の家族の自慢話をすることほど見苦しいことはないでしょう。日常的に「申し訳ありません」と言う「美徳」を持つ日本人が、対外的な過ちに対しては謝らないのはなぜでしょう。たとえば、朝鮮半島の植民地支配に対しては謝罪にピリオドを打つ、アイヌ民族の大地を侵

略した事実にもきちんと向き合おうとしない、沖縄の民意を無視して米軍基地を造るといったことはどうなのでしょう。関東大震災のときに罪のない朝鮮人を多数殺害したことについても、中東でボランティア活動や取材をしていて過激派組織に拉致された人々に対して「自己責任だから税金で助けるな」と攻撃したのも同根の問題です。

無理に「日本の良さ」を探しては留飲を下げ、「日本の良くないところ」を指摘されると「反日」「自虐史観」などと言って、指摘した人に罵詈雑言を浴びせる――政治家を含むそうした人々が日本の教育行政を牛耳っています。

日本人の一部の行いを恣意的に取り上げて「日本人はこういうものだ」「日本はすばらしい」と自画自賛することを「夜郎自大《やろうじだい》」（自分の力量を知らない人間が仲間内で威張ること）と言います。

中学校の体育では、数年前から「柔道」「剣道」などの武道が入り、さらに新しい学習指導要領では「**なぎなた***」「**銃剣道***」まで含まれるようになりました。いずれも「日本の伝統」とされているものです。しかし武道は戦前の教育で戦争に利用されてきたため、戦後の民主教育では否定されてきたものです。それが今、復活しました。まさに軍国主義教育が復活してきているのです。

「日本は特殊だ、日本はすばらしい」

戦前、日本語は「国語」、日本史は「国史」、小学校は「国民学校」とされていました。これは単なる言葉の言い換えということではありません。その背後には「日本は特殊だ」「日本はすばらしい」という意識を国民に植え付けようとする国の意思がありました。

自国に一定の思い入れがあるのは当然ですし、「日本はすばらしい」と思うのも自由です。しかし、自国の負の歴史や現在の問題点を知ったうえで、現状を捉え、日本の未来にも目を向けなければなりません。しかし、単に「日本は特殊だ」「日本はすばらしい」といった「愛国心」を強要されるのではお話になりません。「愛国心」は自ずと芽生えるものであって、人に強制されるものではありません。「日本はあまり好きになれない」という考えの人とも共に住める――そのくらいの度量の大きさが私たちに求められています。それが民主主義の国であり、思想・良心・表現の自由を保障するということです。

ところが、たとえば二〇二〇年度版の国語（光村図書）には次のような教材が載っています。

二年生　「いなばの白うさぎ」
四年生　「世界にほこる和紙」
五年生　「固有種が教えてくれること」
六年生　「『鳥獣戯画』を読む」

これら一つひとつの作品はおもしろいし、しっかりとした教材です。しかしこのように羅列してみると、結果として「日本は特殊だ」「日本はすばらしい」を押しつけているように思えます。一つひとつの作品にはそうした意図はありませんから、教科書会社の意思が反映されているということでしょう。教科書会社は当然、それを選ぶ側に配慮（忖度）しているはずです。

短歌・俳句・川柳はなんのため？

小学三年生の国語に「百人一首を楽しもう」（二〇一八年版・光村図書）という単元があります。そこに、

・花の色は移りにけりないたづらに我が身世にふるながめせしまに（小野小町）

・忍ぶれど色に出にけり我が恋は物や思ふと人の問ふまで（平兼盛）

という和歌が出てきます。これを教員たちは何の疑問もなく教科書通りに進めているのでしょうか。赤刷りの指導書の通りに教えているのでしょうか。あきれるばかりです。小学校三年生ですよ。

教員たちは「授業研究」で発表となれば、意味もわからない観点別評価を指導書から丸写し、細かく分析し、どういうふうに教えればいいかと延々と話し合いますが、こんな子どもたちの理解を無視した教材もまじめに扱わざるを得ません。

いや、現代の教員には、批判力や知性などないほうがいいのです。深くものを考えてはいけないのです。下手に教科書を批判すると教育委員会に目をつけられ、干されてしまいます。どんなめちゃくちゃな要求にも「お上のいうことに間違いはありません」と言って、疑問を持たないようにしなければ生きてはいけません。

三・四年生の国語では「古文」と「漢文」のオンパレードです（二〇一八年版、光村図書）。

三年生　閑さや岩にしみ入る蝉の声（松尾芭蕉）

四年生　君がため春の野に出でて若菜摘む
　　　　我が衣手に雪は降りつつ（光孝天皇）

五年生　「祇園精舎の鐘の声……」（『平家物語』）やら、『論語』の

・子曰く「己の欲せざる所は、人に施すこと勿れ」
・子曰く「過ちて改めざる、是を過ちと謂ふ」など。
六年生　夏の単元で季節外れの
・「春眠暁を覚えず……」。

実は私は「古典」が大好きです。だから言いたい。江戸時代でもあるまいし、小学生に「古典」を教えるのはまだ早いのではないかと。もっと「古典」の味わいを理解できるようになるときまでとっておいてほしい。教える教員もよく理解できていない『平家物語』や『論語』を小学生に教える意味がよくわかりません。これでは「古典」がむしろ大切にされていないように感じられます。それから、私は「歴史」も好きなのですが、うかつにも「君がため……」を詠んだ**光孝天皇***がどういう人物なのか知りませんでした。みなさんはご存じなのでしょうか。

伝記の消滅

人間の一生の評価は難しいものです。「日本の偉人」の代表的人物である野口英世は、実は金遣いが荒かったとか、天下を統一した豊臣秀吉は朝鮮人から見たら侵略者だとか、豊臣家をだまして滅ぼした徳川家康が二百数十年の太平の世の下地を作ったとか、さまざまな見方があって一筋縄ではいきません。

しかし、一回限りの人生を精一杯使い切った人物の伝記には考えさせるものがあります。三〇年ほど前にあった『キュリー夫人』などを読むと、キュリー夫人が「研究に疲れたら、数学の問題を解く」

などというエピソードが書かれていてなんだか近寄りがたいのですが、ロシアに侵略された母国ポーランドのことや夫の急死のことなども書かれていて人間としての苦悩も伝わってきました。

数年前までの教育出版の国語にあった**金子みすゞ***（五年生）は、社会におしつぶされようとしながらも繊細な感情を表現して生きたことが書かれていました。また、公害被害に遭った民衆の側に立って権力と真っ向から闘い、ボロボロになって死んだ田中正造などもなかなか読みごたえがありました。

二〇一八年版・光村図書の国語（五年生）の伝記教材には、幕末から明治にかけて地震による津波の被害から民衆を守った**浜口儀兵衛***の話が載っています。今でも小中学生が儀兵衛が造った堤防の草取りをし、感謝している――という内容です。たしかに立派な人物だったのでしょう。しかし押しつけがましい、いかにも〝道徳道徳した話〟です。悩み、苦しみ、矛盾とぶつかるようなもっと生身の人間の伝記を読みたいものです。しかし、「日本はすごい」という古典万歳の教材の陰で、こうした伝記教材さえも消滅してしまいました。

2「外国語活動」の思惑

「外国語活動」の開始

文科省が「英語」を小学校に取り入れたのは、二〇年ほど前の二〇〇二年、「総合学習」が始まったときからです。「総合学習で何をしていいかわからない」と言い出した教育現場に、国（文科省）は「異文化理解」というオブラートに包んだ名前で「英語」を紹介したのです。

二〇〇六年、第一次安倍内閣になってから国の本性が現れました。二〇一一年に、とうとう小学校五・六年生に「外国語活動」が導入されたのです。

教育委員会は、それまで免許外の教科を教える教員をずいぶん批判してきました。たとえば小さな中学校で、「美術」の免許を持つ人がいないときに「国語」の免許を持つ人が教えるということがあります。それを教育委員会は「おかしい」と言うわけです。たしかにそれは「おかしい」。教育委員会の言うことは正論です。しかし、そもそもそういう学校に免許のある教員を配置をしない〝お上〟のほうが「もっとおかしい」のです。

そして今、「外国語活動」で「英語」を教えられる教員はほとんどいません。多くの小学校教員は、「英語」を教える資格を持っていません。小学校教員免許の獲得時に「英語」は必要なかったからです。したがって「外国語活動」(実質は「英語」)など教えられないのです。しかし現金なものです。国の方針(圧力)によって小学校教員も「英語」を教えなければならなくなりました。ご都合主義ここに極まれりという感じです。

そもそも「外国語活動」なのですから、本来、お隣の国の韓国の言葉(朝鮮語)や中国語などを教える、あるいは日本語ではない国内の言語である(近代以前は日本ではなかった)アイヌ語や沖縄語も教えてもよいはずですが、それらを教えると「上」からすさまじい圧力がかかります。そうした圧力のせいで英語以外の言葉を教えようという教員はたちまちいなくなりました。

それでも二〇一九年度までは「外国語活動」は教科ではありませんでした。だから「英語で遊ぼう」という感じでよかったのですが、二〇二〇年度からは違います。三・四年生が「英語で遊ぼう」で、五・

六年生は教科としての「外国語活動（英語）」になります。つまり評価が伴います。

「外国語活動」には国の思惑があります。

それは国際競争に勝つ人材を育てることです。「個の幸せ」のためではなく、「国家のための人材を育てる」ことが目的なのです。決して世界のいろいろな文化を学んで日本の文化を相対化し、人間としての幅を広げようということが目的ではありません。

外国語活動が導入された教育現場では、今までの授業時間に週一時間「英語」の時間が増加したため、子どもも教員もいっそう余裕のない学校生活を送るようになりました。小学校三年生から、毎日毎日、六時間授業のオンパレードです。また通知表には一般の所見と総合学習、特別活動のほかに「道徳」と「外国語活動」も書かされるようになり、所見欄はパンパンです。今の教育に空き時間とか長期休業前の午前授業はありませんから、やりきれない仕事は家へ持ち帰るか土曜出勤・日曜出勤でこなさざるを得ません。

アイヌ語教育について

私には教員という本来の仕事のほかにもう一つ、やってきた活動がありました。そのことについて少しだけ触れておきます。それは日本という国が近代化するときに北海道を植民地化し、先住民族であるアイヌ民族の言語と文化を奪ったという事実を、どう教育に取り入れていくかということです。

アイヌ史は私のライフワークとも言えるものです。

「アイヌモシリ」（アイヌの大地）は、北海道・サハリン・千島列島・東北地方北部にまたがる広大な領域でした。そこを日本とロシアが侵略し、両国で奪い合って今日があります。日本では一九九七年に**アイヌ文化振興法***が、二〇一九年に**アイヌ新法***が成立し、それに伴い近年、アイヌ文化やアイヌ史を学べる場が少しずつ出来てきました。

しかし絶滅の危機にあるアイヌ語を学べる場は極めて少なく、公教育の現場ではアイヌ語はまったく扱われていません。グローバル経済で勝ち残る人材を育成するという国策にそって小学校教育に「英語」教育が取り入れられる一方で、国策によって絶滅の危機に瀕している「アイヌ語」教育は一顧だにされていないのです。

私はそれではいけないと思い、アイヌ語やアイヌ文化を〈学び〉に取り入れようとしてきましたが、そのおかげで〝お上〟からにらまれ、教育委員会から〝要注意人物〟の扱いを受け続けました。しかしそれでも私はアイヌ語の存在にこれからもこだわっていきたいと思います。自分の国が何をしてきたかを知り、そのことをどう捉えるべきなのかを考えさせるのが教育です。「外国語活動」という前に、まずは自国内の日本語以外の言語を知ることから始めるべきです。

小学校英語学習の限界

「外国語活動」という名の小学校英語学習は、早晩、限界がくるでしょう。しかし教育委員会は「現場の教員の教え方が悪い」とその責任を教育現場に押しつけてくることでしょう。そしてその後、さまざまな指示・命令が教育現場に降りてきて、教員と子どもたちをこれまで以上に追い込んでいくものと推測できます。

なぜ小学校英語教育に限界がくるのか。それは英会話ばかり教えて文法の学習が皆無だからです。日本では近代以降、英語教育と言えばまず文法を学び、単語を数多く覚えることで難解な英文を読み解くことに時間を割いてきました。そのため何年英語を学んでも英語圏の人とまともな会話ができないと言われてきました。

しかし英会話だけに偏るのにも問題があると思うのです。日本語と英語は全然違う形の言語です。英語の基本形は「主語」＋「動詞」＋「目的語」。日本語は「主語」＋「目的語」＋「動詞」。また、表音文字のひらがな・カタカナと表意文字の漢字を織り交ぜて書く日本語に対し、アルファベット二六文字を組み立てて単語となす英語。こういう違いをきちんと理解させつつ英会話を取り入れていくのがよいと私は思います。文法をしっかり理解できれば応用・発展につながるのに、会話だけではそれが難しいと言えます。もはや拒否できないのが小学校英語であるならば、日本語を母語とする子どもたちに合った教え方、そして「国際競争に勝つため」ではなく、世界の平和・人権を見据えた教材作りをしたいものです。

それにしても驚くのは、いくら「英語」を教えると言っても、説明は母語である日本語で行うのが当然なのに、何もかもすべて英語で授業することが何かすばらしい英語教育のように宣伝されていることです。英語がわからない子に英語で説明する――。これってどうかしていませんか。

3「特別な教科・道徳」

「道徳」の強制の始まり

「いじめ」が起こると、識者は決まって「道徳教育を充実させろ」と言います。しかし教育の現場にいるものなら知っています。「道徳教育」と「いじめ」は全然違うものだということを。この人たち、何もわかっていないと。戦前の「道徳」である「修身」の授業を徹底して行っていた軍国主義の時代、軍隊はいじめの巣窟でした。また、アジアの人たちへの差別はすさまじく、「八紘一宇*」とか「アジアの解放*」とか言いながら、さまざまな場面で日本人はアジアの人々を虐げました。

「いじめ」への対処法は、「道徳」の充実ではなく、人権を尊重する「民主的な学級作り」しかないのです。

道徳教育は、戦前は「修身」として子どもたちに国家主義を注入する場になり、戦後に再登板したときも東西冷戦でアメリカ側に立って戦う子どもたちを育てるためのものでした。

そうしたこともあって、戦後の道徳教育は「ＮＨＫの教育テレビを見せておしまい」というように形骸化してきました。

しかし「戦前回帰」を訴える第一次安倍政権が四七教育基本法を大幅に改悪し〝国家道徳〟の強制が始まりました。残念なのは、ユングの深層心理を使って日本の神話や児童文学などを研究してきた河合隼雄氏が、政治に利用され、道徳教材『心のノート』作成に関わったことです。優れた業績のある方だと思っていただけにとても残念です。

戦前の「修身」は、孔子による儒教の考えを天皇中心の国家主義思想に変質させたもので、自分の身を修め、家族を修め、国策に従わせるためのものでした。安倍政権下における〝国家道徳〟が言っているのも「自分の分をわきまえて、人と協調し、社会の秩序を守って、よき国民になりなさい」ということに尽きます。これは戦後教育の「私たちが声を出し、行動し、主体的となってより良い社会を創っていこう」という主権者教育とは真逆のものです。

この〝国家道徳〟の強制が始まった二〇〇六年当時、「道徳」はまだ正式な教科ではなかったので、文科省の検定を受けた教科書などはありませんでした。だから『心のノート』は単なる参考資料に過ぎないはずでしたが、小学校の教育現場には〝国家主義〟の大好きな議員の圧力のもとで、教育委員会から「授業で使ったか」「家に持ち帰って、保護者に『心のノート』があることを知らせたか」との再三の指導と調査がありました。文科省の検定を受けずに一方的に文科省が降ろしてきた教材なのに、実質的にはこれが教科書の扱いになっているのです。これでは戦前の国定教科書です。

困ったことに、『心のノート』の存在を知ったＰＴＡの役員たちが盛んに「なぜ、心のノートを使わないのだ」と言ってくるようになりました。この人たちに道徳教育の歴史的な背景やこの教材が検定を受けていないといったことを説明し納得してもらうことは困難です。「なぜ先生たちはお上の言うことに逆らうのか」と弾劾しているのですから。退職した今なら言えます。「お上の言うことが、子どもの学びをゆがめるものだから」と。

平和教育の衰退

戦後の日本は、平和で民主的な国家を創ることを目標にしてきました。

しかし保守政治家の中には、アメリカの顔色を伺い、「自衛隊を軍隊として海外に派兵しよう。そのために教育を変えよう」という一派が絶えずいました。「保守政治家の中には」と限定的に言ったのは、「保守本流」の人々はそういう考えではなかったからです。たとえば後藤田正晴、野中広務、宮澤喜一の各氏などは、戦争に近づかないように、命をかけて憲法改正に反対していました。しかし、現在の政権与党はかつての保守本流とは異なる集団になってきました。単なる〝安倍チルドレン〟の集まりといったほうがよいかもしれません。平和と民主主義を求める戦後教育を破壊することが日本には必要だと考えているのです。

道徳教育の強制によって教育現場では「平和教育」がやりづらくなり、ついにはやめざるを得なくなりました。

「平和教育」の教材が国語の教科書（教育出版）にふんだんに入っていた時代がありました。

二年生　「かわいそうなぞう」

三年生　「お母さんの紙びな」

四年生　「一つの花」

五年生　「お母さんの木」

六年生　「川とノリオ」

しかしこれらの「平和教材」にも決定的な弱点がありました。日本人の被害ばかりが書かれていて、日本がアジア・太平洋地域で引き起こした加害については書かれていないということです。

しかしそれでも、右のような教材があった時代は「平和教育」ができました。やがて、これらの教材は一つ抜け、また一つ抜けしてなくなっていきました。

かつての教育現場では、全校を挙げての「平和集会」の取り組みも盛んでした。地域の戦争体験者に学校に来てもらい、話をしてもらったりしていました。

しかし、「平和教育」の教材について、教育委員会が「それは何の教科に入っているのか」と調査したり、社会科の副読本とすることを嫌がったりしました。さらに教育委員会の意向を忖度する管理職の中には、教員に圧力をかけて「平和教育」を行わせないようにする人も出てきました。

平和を求めることの何が悪いんだと思いますが、今や「平和教育」を行うには覚悟が必要とされる時代なのです。「平和教育」を行うということは「平和憲法を抹殺しよう」という権力者の意向に逆らうことになるからです。

「特別な教科・道徳」の開始

二〇一八年度は、小学校で教科としての「道徳」を実施した年です。

ある年齢以上の現場教員は、「道徳」の問題をそれなりに学んでいます。ですから「道徳」という教科はいやいややっているに過ぎません。そうした空気を知って教育委員会は、年に何回かの指導主事の「学校訪問」（＝学校監視）のうちの一回は道徳の授業を見ることとしました。また、〝御用〟管理職を中心にして若手教員を無理やり「道徳」の研究会に入れようとするなど、教育現場は「道徳」の教科化に向けて混乱しています。教員の中にも、戦前の「修身」、戦後の「道徳」導入、現在の「道徳」の教科化について、その政治的な意味をわかっていない人が多いです。知らないことを学ぼうとする意欲も関心もなく、また、そういう学びの機会もありません。そもそも新聞も取らず、政治や社会に関心がない人が多いのです。そういう教員が増えているのです。

子どもの話をよく聞き、教養もある「いい先生」はいつの時代でもいました。しかし教員としてはそれだけでは十分ではありません。政治に関心を持ち、〝お上〟の意図することを見抜いて、もしその意図が間違っているなら、子どもの害悪にならないように反対していかなくてはなりません。〝お上〟からの害悪の強制に対しては、教員は〝手抜き〟をして対抗しなければなりません。その〝命令〟を形骸化させなければなりません。

二〇一九年現在において、「道徳」を行わないという選択肢はありませんから、国の価値観が反映された教科書をそのまま教えるのではなく、内容を吟味しながら注意深く教えていくことが必要です。

一年生の教科書(光文社)では、「何事にも感謝」「目上のものへの尊敬と礼」「きまりを守る」「郷土を大事にする」「正直に生きよう」ということなどが載っています。

・「何事にも感謝」に対しては、「何に感謝をし、何に『おかしい、やめるべきだ』と言わなければならないのかを考えることが大切」と言いたい。

・「目上のものへの尊敬と礼」に対しては、「朝は知っている人に『おはよう』と言うのは当たり前。尊敬に値すると思うかどうかは自分自身の問題。尊敬すべきものには尊敬し、批判すべきものには批判を」と言いたい。

・「きまりを守る」に対しては、「前提としてまず（きまりが先にあるのではなく）人間には『自由』があるが、それで問題が起きたときにこそみんなで考えてきまりを作っていけばいい」と言いたい。

・「郷土を大事にする」に対しては、「生活科の〝まちたんけん〟に合わせ、草が刈ってある公園と草がぼうぼうの公園に行き、すごしやすい街にするには市はどうしたらいいかを考えさせたい」と言いたい。

・「正直に生きよう」に対しては、「何もかも正直に言って、相手を傷つけることだってある。何を言い、何を言わないか考えるべき」と言いたい。さらに、モリ・カケ問題*の国会答弁で嘘を塗り固め、逃げ回る首相と官僚、あるいは文科省の官僚による東京医科大学事件*がわかったのに、そんな人たちがこんな倫理を押しつけるのかと言いたい。

私は「道徳」の授業で右のようなことを議論しました。「人権」と「主権者意識」を育てるという視点から、話し合いました。しかし、そんな授業がいつまでも許されるとは思いませんし、そう遠くないうちに「道徳」は「お上に逆らわない、従順な子どもを育てるための」教科になっていくに違いないと思います。

中国には孔子の堅苦しい「道徳」もあったけれど、老子や荘子の「もっと自由に生きようじゃないか。道徳道徳と言っているからだめなんだ」という思想もありました。私たちは老荘思想*を学んで、少し国家道徳から自由になったほうがいいと思います。

実体のない「道徳」の評価

「道徳」が教科になったということは、子どもたちに「道徳」についての成績（評価）をつけなければなりません。しかし、教科書通りのことを暗記したかどうかを評価の基準にしてしまったら、結局それは「価値観の強要」になってしまいます。さすがに〝お上〟にもそれはできません。

そこで、「評価」してはいけないことが五つ示されました。

①数値による評価はしない
②「知識・理解」「思考力・判断力・表現力等」「学びに向かう力・人間性」に分けて評価しない
③道徳的判断力・心情、実践意欲・態度に分けて評価しない
④内容項目の評価は行わない
⑤他の児童との比較をしない

というのがそれです。

教員はまじめな人が多いです。観点別評価を強制されたときも、道徳の教科化の今も、どうやって評価すべきか真剣に悩んでいます。右の①～⑤に則っていったいどうやって評価ができるというのでしょう。日本中、いや世界中のだれにもできないことをしろと言われているのです。そこには「解」がないのですから、「解なし」と考えるしかありません。それでも「評価しろ」と言うのだから、それ相応の対応――つまり「何も評価しない」「適当に評価する」――しかないではありませんか。私は権力による「価値観強要」から「教育現場を守る」ために、文科省の〝心ある人〟が「道徳」という教科を形骸化するように、このような「評価方法」にしてくれたんだと、ありがたく承りました。

第四章　用語略解

＊新しい歴史教科書をつくる会　一九九六年に結成された、従来の歴史教科書が「自虐史観」の影響を強く受けているとして国家主義的な歴史教科書をつくり広める運動団体。「つくる会」が作った教科書は、二〇〇一年に扶桑社から『中学社会　新しい歴史教科書』『中学社会　新しい公民教科書』が、二〇〇五年に扶桑社から『中学社会　改訂版　新しい歴史教科書』『中学社会　改訂版　新しい公民教科書』が、二〇〇九年に自由社から『新編　新しい歴史教科書』が、二〇一一年に自由社から『新しい歴史教科書』『新しい公民教科書』が出されている。

＊『大造じいさんとがん』　椋鳩十（一九〇五～一九八七）の児童文学。がんのリーダーの残雪と大造じいさんの知恵の限りを尽くしたかけひきを多様な色彩と小気味よい文章で描いている。

＊赤刷り本　教科書の指導上の留意点が、教科書と同じ文面に朱書きされている教師用の「参考図書」。「赤本」「虎の巻」とも言う。かつては赤刷り本を持って教壇に立つことは恥だと教えられた。

＊五〇～六〇人の学級　現在のように一学級の人数が最大四〇人となったのは一九九一年度から。それ以前は一学級四〇人以上の学校が多かった。

＊三位一体の改革　国が地方に支出する「国庫補助金負担金」の廃止・縮減、「地方交付税」の見直し、国から地方への「税源移譲」を一気に行うこと。二〇〇二年の小泉内閣の「骨太の方針」で打ち出された。

＊ベネッセ　株式会社ベネッセ・ホールディングスのこと。通信教育事業・学校向け教育事業・語学教育事業・介護事業などを世界中で行っている日本の企業。二〇〇七年の全国一斉学力テストでは小学生のデータ集計業務を請け負った。教育政策の転換にいちはやく合わせた教材を作っている。

＊働き方改革　第四次安倍政権による「長時間労働の是正」「正規・非正規の不合理な処遇格差の解消」「多様な働き方の実現」を柱とする施策。「働き方改革関連法」が二〇一八年に可決され、一九年四月よりその一部が施行された。

＊なぎなた　長い柄の先に反りのある刀身を付けた武具。その歴史は古く平安時代まで遡れるようだ

が、特に大正時代から太平洋戦争時にかけて、政府の政策によって主に女性の武器(武道)として広まった。

＊銃剣道　フランスの西洋式銃剣術に日本の槍術や剣道を取り入れた武道。兵士が白兵戦で相手を突き刺すために生まれたもので、戦前は学校での軍事教練にも採用されていた。一九五六年に競技化され、剣道のような防具を身に付け木《もく》銃《じゅう》を持って相手と突き合う競技となった。現在も自衛隊では銃剣道の訓練がある。

＊光孝天皇　八三〇～八八七。第五八代天皇(在位八八四～八八七)。五五歳で即位したが、政治の実権は藤原基経が実質的な関白として握っていた。諸芸に秀でた文化人であったとされる。

＊金子みすゞ　一九〇三～三〇。詩人。代表作に『私と小鳥と鈴と』。望まぬ結婚を強いられ、ひっそりと書いて認められてきた詩も夫から「筆を折る」ように強要され、さらに性病をうつされたりして離婚。離婚後に夫に子を奪われそうになり、母親に子を託す遺書を遺して二六歳で自殺した。死後半世紀を経て、児童文学者・矢崎節夫によって全作品が発掘され、『金子みすゞ全集』が編纂された。

＊浜口儀兵衛　一八二〇～一八八五。幕末～明治期の実業家。和歌山で醤油醸造業を代々営む浜口家第七代当主。号は梧陵。一八五四年の安政大地震の際に、取り入れたばかりの自分の稲に火をつけて村人に津波の危機を知らせたという「稲村の火」のエピソードで知られる。のちに私費を投じて村に防潮堤を建設した。戦前の小学校教科書にその話が載っている。

＊アイヌ文化振興法　正式には「アイヌ文化の振興並びにアイヌの伝統等に関する知識の普及及び啓発に関する法律」。一九九七年公布。アイヌを固有の民族として初めて法的に位置付けた法律で、国と地方自治体の責任としてアイヌ語やアイヌ文化の継承者の育成、調査・研究、国民への啓発などの文化振興策を行うと定めている。しかし、アイヌの人々が求めていた先住権などの権利については盛り込まれなかった。この法律の制定と同時に明治政府がアイヌ民族の同化を目的に制定した「北海道旧土人保護法」が廃止された。

＊アイヌ新法　正式には「アイヌの誇りが尊重され

る社会を実現するための施策の推進に関する法律」。二〇一九年に成立。アイヌ民族を先住民族として初めて法的に位置付け、アイヌ文化の振興に向けた交付金制度の創設などを盛り込んでいる。しかし民族自決権や、土地や資源に対する先住民の権利、生活・教育の支援策などが含まれていないという問題がある。この法律制定に伴い「アイヌ文化振興法」は廃止された。

＊八紘一宇　「世界を一つの家にする」ということ。『日本書紀』にある（神話上の）神武天皇の詔勅に「八紘（あめのした）をおおいて宇（いえ）となす」とあることから宗教家の田中智学が一九〇三年に造語。四〇年の近衛文麿内閣が「基本国策要綱」で使い、アジア・太平洋戦争時に外国侵略を正当化するためのスローガンとされた。

＊アジアの解放　「欧米列強の植民地となっているアジアの国々を解放する」という、アジア・太平洋戦争開戦時の日本の「大義名分」。日本がアジアの国々に侵攻することを正当化するためのスローガン。

＊モリ・カケ問題　二〇一七年に発覚した安倍晋三首相と安倍昭恵夫人が関与していると思われる森友学園問題と加計学園問題のこと。

＊東京医科大学事件　二〇一八年、文部省の局長が息子を東京医科大学に裏口入学させ逮捕された事件。東京医科大学は女子や浪人生を不利に扱う不正入試も行っていた。

＊老荘思想　魏晋時代の中国で流行した老子と荘子の教えに基づく超俗的・反儒教的な思想（道教思想）。老子は生没年不詳。「無為自然」、つまり「作為を弄せず、あるがままの自然に従って生きよ」と言い、こざかしい知を嫌った。荘子はBC三六五～二九〇年の人。善悪・美醜などの価値の差別を超え、無私になり、自然の道理・宇宙の根源に触れると自由の境地に遊ぶことができるとした。老子・荘子が遺した教えには日本の教育の愚かさを鋭く批判するような言葉が数多くある。

第五章 保護者に知っておいてもらいたいこと

一、終わりなき「点数学力」戦争

1 「点数学力」戦争

ここで言う「学力向上」とは、「全国学力テスト」（六年生）やその模擬「学力テスト」（NRT*）の点数を上げることです。この点数にこだわった学力のことを「点数学力」と呼びます。

今、小学校では都道府県および市町村の教育委員会から、常に「点数学力」の向上が求められています。具体的に言うとそれは、全国学力テストでの平均点数が全国平均を上回ることであり、さらに全国で上位に入ることが求められるということです。学力テストの平均点数が低ければ、その学校の都道府県の教育委員会は、点数の高い地域に職員を派遣して点数を上げるための方法を教えてもらい、それを各市町村の教育委員会に伝えます。それがさらに小学校に降りてくるのです。今や学校は、子どものためのものではなく、「学力テスト」の数字と「体力測定テスト」の数字を上げるための、そして「いじめ」の数字を下げるための〝数字のための機関〟になっています。

中高年になると「血圧の数値を下げろ」とか「尿酸値を下げろ」とか「体重を減らせ」などと検診のたびに「指導」されますが、同じことを小学一年生から行っているようなものです。かつての学園ドラマによくあった、学級崩壊を立て直したとか、やんちゃな子どもたちと部活動や文化活動を通して一つのものを作り上げたとか、そんなことは数字には表れないので、学校にとってはどうでもいいことになってしまいました。

「点数学力」を上げるためにはどういう「取り組み」をしたらよいのか。教育委員会にとっても学校にとってもそれだけが大事なのです。子どもたちが楽しみにしていた行事を減らし、教員の授業の準備の時間も減らし、ひたすら「授業時間を確保する」というのが、点数を上げるための〝偉い方々〟の寂しい発想です。さらに、授業時間以外にいかにたくさん勉強をさせるか、それが「取り組み」にされています。たとえば次のような「取り組み」が行われています。

・それまで、午前授業（四時間授業）を七日間して午後から家庭訪問に行っていたのが、五時間授業の後に家庭訪問に行くようになった（そのため六時過ぎに行く家もある）。家庭訪問自体を取りやめた学校もある。
・学期末の通知表の評価や夏休み・冬休みの宿題を作るため、週に一日あった午前授業の日をなくした。学期初めの宿題や工作を見るための午前授業の日もなくした。それらの仕事はすべて家への持ち帰りになった。
・二〇一八年度からは三・四年生にも「外国語活動」が加わったため、週五日のうち四日は六時間授業になった。たった一日になった五時間授業の日はクラブや児童会の日に当てた。
・六時間授業の日のほかに週に一回、学力を上げるための「放課後学習の日」を設定した。
・毎日、数枚の宿題と、自主的（本当は強制的）家庭学習をさせた。

・修学旅行・宿泊学習は、木・金曜日に実施し、代休を取らせないようにした。
・土曜日も授業日にした。
・「五分前行動」ということで予鈴を鳴らし、休み時間を短くした。
・運動会は午前中までとした。遠足に行く回数も減らした。

　こうした「取り組み」を日常的に行い、それでも「点数学力」が上がらなければさらなる取り組みが教育委員会から求められることになります。

　たとえば、「学力テスト」に関する全国的な統計から「三食（朝・昼・晩）を食べている子どもは学力が高い」とか「読書の習慣のある子どもは学力が高い」という傾向が出されると、たちまち「朝ご飯を食べよう」「読書をしよう」というキャンペーンが――ＰＴＡにも働きかけて――行われることになります。学校から家庭に出される生活アンケートにも「朝、食べていますか」「読書は何時間していますか」といった項目が載るようになりました。しかしこれは私生活への介入のし過ぎでしょう。

　はっきり言います。朝、子どもにきちんとごはんを作ったり、本を買ってあげられるのは経済的に余裕のある家庭が多いのです。経済的に余裕があるから子どもの生活や学習に目配りする時間があり、「点数学力」も上げることができるのです。

　江戸時代中期まで日本は二食の文化でした。北米のイヌイットは決まった食事の時間がなく食べたいときに食べていました。朝・昼・晩に食べると言っても、白夜の国だってあります。

　読書も「点数学力を上げるため」に本を読んでいるわけではなく、おもしろいから読んでいるのでしょう。食事も読書も、数字を上げるためのものだったら、ずいぶん寂しい話です。

実は、「点数学力」競争は〝終わりなき競争〟なのです。ここまで行ったら「終わり」というものがないのです。つまり、全国平均を上回ることや順位をつけるということは、常に半分の都道府県、半分の市町村、半分の学校は平均以下になるということです。都道府県で順位をつけるということは、子どもと教員がどんなにがんばっても、やっぱり一位から四七位までに分けられることになります。だれかが、いや国民が「こんなばかばかしいことはやめろ」という声を上げないかぎり、これは永遠に続きます。

2「学力」テストの前後

教育委員会からこんな指示をされたことがありました。

「過去の問題をあらかじめ経験させておくように」

要はテスト慣れさせておけということです。

「学力テスト」の直前に管理職が教室に来て、子どもたちにこんな「テスト対策」を授けたこともありました。

「わからなくても、答えを書いて。白紙で出さないで」（答えがわからなくても何か書いておけばまぐれで当たるかもしれないという意味なのかな）。どこまでが教育委員会の指示で、どこまでが管理職の会合で話し合ったことなのか、一般の教員にはわかりませんが。

そして「学力テスト」が終わります。問題と答えは直ちに学校内で分析され、それをもとに校内の教員で作る「学力向上委員会」が次のテストに向けた取り組みを始めます。「校内研究」でもその弱点をなくすための取り組みが扱われます。

やがて本物の「学力テスト」の結果が学校に届きます。

その数字を教育委員会の定めたひな型にあてはめ、各家庭に送るのです。そこには「全国平均」「都道府県平均」「市町村平均」「学校平均」「子どもの点数」が明示されています。また、学校から配布する「学校だより」にも「学力テストの傾向と対策」が載せられます。

3 ある「学校力向上指定校」の様子

小学校のほとんどの教員は「学校力向上指定校」には行きたくないと思っているはずです。「学校力向上指定校」とは「学力競争」に勝つことを義務付けられた「学力競争の中心校」です。毎年、二人ほどの新採用の教員が「学校力向上指定校」に配属され担任を持ちます。この二人の教員は〝お上〟の教育政策を批判的に捉えることなどなかなかできませんから、大まじめに、一生懸命、子どもを鍛え上げるように求められます。そこで働く教員たちの苦労は大変なものです。その体制で求められていることと、自分のポリシーとどう折り合いをつけたらいいのかということです。「学力競争」に批判的な教員は、結局、こういう学校にいられなくなるか、「学力競争」の埒外の「特別支援教育」の教員になっていきます。

悲しいことに、自称「知識層」の保護者の中には、自分の子どもを地域の学校ではなく、越境してまで〝学力ブランド〟のある「学校力向上指定校」に行かせようとする人がいます。普通の学校に通わせたほうが「学力競争」の〝害〟はまだ少ないのに。

教育委員会の〝お偉方たち〟は、こういう学校こそがあるべき姿だと宣伝し、「学校力向上指定校」のやり方をほかの学校にも広げようとします。現場教員の感覚からすればこうした〝お偉方たち〟の感覚にはとてもついてゆけません。

子どもたちは正直です。そういう大人たちが作り上げた〝理想の教育〟には拒否反応を示します。「不登校」になったり「保健室登校」になったりするのです。真っ当な反応だと私は思います。学校が真っ当な「学び」をさせていないのですから。

不登校となる原因は「学力競争」ばかりではありませんが、不登校が多い学校が「学力競争の激しい学校」であることは多いです。また、小中連携にかこつけて、不登校が多い中学校が、小学校にも同じような「学力向上」の取り組みを求めたりすることもあります。しかしそれは逆だと思います。「不登校がいない（少ない）学校」を参考にするべきなのです。「不登校がいない（少ない）学校」にはきっと「学力競争」に批判的な教員がたくさんいるはずです。あるいは、子どもが楽しみにしている行事を大切にしていたり、実験や社会見学などの「学び」が充実していたり、子どもが真剣に「すごい」と思うような授業が多かったり、全校一律の学習規律がなかったりする、そんな教育が奇跡的に残っている学校なのではないかと思います。

4 体力測定と分析

今、多くの学校で、子どもたちの「朝遊び」の時間をやめて朝の「学び」や「読書」の時間にしています。子どもたちは登校するとすぐに「学び」をさせられ、それから六時間びっしり授業があり、放課後学習もして、家に帰れば宿題に家庭学習をします。そのうえ、アンケートまで取られます。「一日何時間勉強しますか」「何時間本を読んでいますか」と。まだまだ勉強が足りないと尻を叩かれているようです。

今の教育現場の様子を奈良時代の山上憶良の『貧窮問答歌』に見た人がいます。「里長が家まで来て『年貢を出せ』と言われ、世の中はこんなにつらいものかと訴えた」のに似ていると。まさにその通りです。

子どもの「遊び」の時間を奪っておきながら〝お上〟は「体力測定を全校で実施せよ」「子どもの体力を全国レベルにまで上げろ」と命令します。

「**シャトルラン***」という運動を知っていますか。音楽に合わせて延々と早歩きをさせ、「参った」というまで走らせる運動です。

「反復横跳び」はご存じでしょう。

「シャトルラン」も「反復横跳び」も今は小学校一年生からさせます。ボールを触ったこともない一年生にソフトボールも投げさせます。すべて「体力測定」の数字を上げるためです。

教員は子どもたちに「おかしいこと」をさせているという自覚を持ちながら、もっともらしいことを言って、「今日はボール投げをするよ」「上手だね」「がんばったね」と優しい言葉をかけてやり終えるしかないのです。「お菓子をあげるからついておいで」という不審者と変わらないなと思いながら。後ろめたさをごまかすための子どもたちへの褒め言葉。実にいやなものです。

今や、教育の中心に子どもなんかいません。文科省と教育委員会が教育を牛耳っていて、教員は「命令されたらそれをやるだけ」の存在です。イエスとハイしかありません。

ところで全国平均を出す「体力測定」が北日本の子どもには不利だということをご存じでしょうか。屋外で「走る」とか「ボールを投げる」といった運動は、雪が降ったり気温が低かったりする地域の子どもは不利なのです。雪のために半年近くグラウンドが使えないということもあるのですから。スキーやスケートのスピードで比較したり、雪の上で「走る」競技をすればよいのでしょうが、それだと今度は雪の降らない地域の子どもが不利になってしまいます。そうした問題があるのに、全国一律の「体力測定」を行い、全国平均の数字を出しているのです。全校平均を下回れば「数字を上げろ」と〝お偉方たち〟から言われます。学校は、また、子どもたちが楽しみにしている「時間」を奪って、そのための「取り組み」をしなければならないことになるのです。

5　夏休みも大量の宿題

一九七〇年代まで「夏休み帳」という夏休みの宿題がありました。しかし一九八〇年代から夏休みの宿題は、数枚のプリント問題と「自由研究」か「工作」だけになりました。夏休みは家や地域でなければできないことをするという方針になったからです。そして四〇年が経とうとしています。

ただ、一〇年ほど前から、「学力向上」のために夏休みのプリントの宿題の分量が二〇枚、三〇枚、四〇枚と増えていきました。その枚数は学年の教員の裁量で決まりますが、多く出せば出すほど教員にそのまる付けをする余裕がなくなります。そして保護者にまる付けをさせることが常態化してきました。言うまでもなくこれはとてもおかしなことです。しかし教員からすればこれも仕方がないのです。

もはや担任の教員は自分の日常生活を犠牲にして教育を行うしかない状態に陥っているのです。それが保護者のまる付けというおかしな現象を引き起こしています。

第一章で述べたように、だれにも評価ができない「観点別評価」の通知表を教員はつけなくてはなりません。「(一般の)所見」「道徳」「総合学習」「委員会活動」「外国語活動」の五カ所も所見を書かなくてはなりません。もちろん長期休業前だからといって午前授業はありません。

しかも、夏休みには「過大な宿題を出さない」「子どもを地域や家庭に返す」という原則はもはや崩れ去っています。そのため、宿題は「教員が作って出すもの」という〝常識〟もとうとう壊れてしまいました。保護者に「夏休み帳」(ドリル)を買わせ、それを子どもにやらせるということが、あちこちの学校で見られるようになったのです。

「学校力向上指定校」の中には、夏休み帳二冊に、教員の出すプリント、毎日の「自主学習」もさせるという学校まで出たと聞いています。もはや学校も地獄、家庭も地獄。子どもたちがホッとできる場などどこにもないではありませんか。「学力戦争」も総力戦です。

「家庭で自主学習する時間」が多い地域は「学力テスト」の点数が高いという分析があります。そうした分析が出たとたん「家庭学習」を強制し、それをしない子どもには罰を与えるという学級まで出てきました。「宿題」と、本来、強制ではなく自由に勉強するはずの「家庭学習」が子どもたちを追い込んでいるのです。

九月一日は(北海道以外)夏休みが終わり二学期が始まる日ですが、この日は子どもたちの自殺者が最も多い日と言われています。

日々、本意でない〝教育〟をさせられている教員はどうでしょうか。二〇一六年一一〜一二月に行われた公立小中学校の全国調査によれば、小学校三三・五パーセント、中学校五七・六パーセントの教員が過労死ラインを超える残業をしているそうです。

過労死ラインを超える残業に加えて、教員は保護者からのクレームなどにも対応しなくてはなりません。数字はありませんが、うつ病になったり、自殺したりする教員もいます。

そんな状況であっても、世の中は「従順」が美徳とされています。「上には従え」という時代です。そのうえ、学校ではさらに「目上を敬え」「自分の分をわきまえろ」の「道徳の教科化」ですからもう手の打ちようがありません。教員も、子どもも、保護者も、自分を追い込むだけです。

二、保護者には批判力が必要

1 「学校だより」の内容

保護者や地域の人たちは、学校から届く「学校だより」の内容はすべて「正しい」と信じています。しかし、そんなことは幻想です。

三〇年くらい前まで、給食のご飯はアルミパックに入っている地域がありました。しかし今は一人ひとり、自分でごはんを盛り付けます。アルミパックのほうが配るのは楽ですが、アルミを使ったままご飯を炊いて食べるのは体によくないということを二〇年くらい前にお母さんたちが学習して、行政に要請し、廃止になったのです。

また、今、虫歯をなくそうという名目で北海道の学校で進められているのが、「フッ素のうがい」**（フッ化物洗口）***です。フッ素は歯を硬くするとも、歯を脆《もろ》くするとも言われています。そのあたりは素人の私にはわかりません。ただフッ素自体は劇薬なので水で薄めてうがいをさせます。そんな劇薬を用いた「医療行為」をなぜ学校で子どもたちにさせるのでしょうか。フッ素によるうがいは、ある議員が強く言って実施になったと聞いています。そうであれば、教員たちの疑問の声は届きません。ほとんど暴力的とさえ言える「上」からの指示で教育現場に持ち込まれ、保護者にも「学校だより」で伝えられます。保護者は「学校から来るものは正しい」と信じているので、フッ素のうがいもそのまま受け入れることになります。

もう一つ問題があります。これは全国の中学校の話ですが、女の子たちへの「**子宮頸がんワクチン**＊」の接種です。あるとき、教育委員会を通して各学校へ「子宮頸がんワクチンを接種しましょう」という「学校だより」が来て、実施されることになりました。テレビでは芸能人が子宮頸がんワクチンの必要性を大々的に宣伝していました。しかしこのワクチンはまだ安全性が確認されていませんでした。子宮頸がんワクチンの接種によって後遺症の残る子どもが出てきました。この「半強制的な子宮頸がんワクチン接種」の背後には政治家や薬品会社がからんでいるとも言われました。

ほとんどの教員は、これをいやいやさせられています。しかし保護者にはそんなことはわかりませんから、「学校がやることは正しい」と信じて、子宮頸がんワクチン接種をそのまま受け入れています。現場の教員が「このワクチン接種は何かおかしい」と思っていても、それを保護者に言うことはできません。言えば処分の対象になります。仮に意を決して保護者に説明しても、教育委員会のホームページの内容をすべて信じているような体制べったりの自称「知識層」の保護者から、その教員がやり玉にあげられることになるでしょう。

私は学校に対する不信感を煽っているのではありません。ただ、学校から届く「学校だより」の中の「お知らせ」には、国の都合や財界の要請であることを知らせずに、子どもにとって害悪になり得ることを実施する――ということがあるのです。そのことを保護者の方々にも知っておいてほしいのです。

2 本当にいいことなのか

放課後、担任以外の教員が子どもたちの学習をサポートする。

近隣の大学生がボランティアで子どもたちの「放課後学習」をサポートする。

夏休み・冬休みの期間中に「学習の日」を設定し、子どもたちの学習をサポートする。

ボランティアで子どもたちの学習を見にくる多くの大学生はみんな「いいことをしている」と思っています。保護者も「いいことだ」と子どもを参加させます。

しかし、多くの教員が内心こう思っています。「そんな時間があるのなら、ゆっくり遊べばいいのに」。夏休み・冬休みに一、二時間学校に来たからと言って、どれだけ違いがあるのか――。

また、六年生には「全国学力テスト」の結果とそれに対する対策も「学校だより」に載せなくてはなりません。教育委員会の指示で「結果の数字」と「その対策」を書けとなったら、学校は抵抗できません。学校としてはその指示に従うことが自校を守る唯一の方法なので、たとえ保護者が「学校だより」に書かれている意味がわからなくてもそれを書いて出すのです。

多くの保護者は、「放課後学習」や夏休み・冬休みの「学習の日」、それに「学校だより」に書かれている内容に疑問を持ちません。「放課後や夏休みまで勉強を見てくれて熱心な先生だね」「学力テスト対策って何？」と言うだけです。学校から降りてくることは「すべて正しい」と信じているので、放課後や夏休みの学習がけっして「本来の教育ではない」などと思わないのです。その「学力テストの対策」にしても、それが学校が〝自発的〟に行っているのではなく〝お上〟からの圧力でやらされているということもわかりません。

はっきり言います。多くの教員は「こんなこと必要ない」と思いながら、「朝令暮改」の〝お上〟からの指示とそれに基づく学校体制を受け入れざるを得ないのです。それに率先して取り組む教員は、子どもを犠牲にするかわりに〝お上〟からの高い評価を得るのです。

そんな状況も知らずに新聞記者がやって来て、「〇〇小学校は学力を上げるために、こんな取り組みをしている」と持ち上げます。だれもが「教育の表面」しか見ていないのです。

3　学級作りとはなにか

「人」は集団の中で学び、成長していきます。「学級作り」（集団のあり方）はその意味でとても大切なものです。

現在、「学級作り」には二つの柱があります。

一つは「能力別」の学級作りです。子どもたちの能力に合わせて学級を分け、一学級を複数の教員が対応するというものです。今、一学級当たりの人数は四〇人（上限）で、多いまま一向に解消されませんが、授業ごとにさまざまな人が「サポーター」として入ってくるようになりました。そのため担任の教員は、事前にサポーターとの「打ち合わせ」が必要となり、授業を終えてからは「報告書」を提出しなければならなくなりました。それらを毎時間分求められることもあります。

また、担任の教員が「必要ない」と言っても決まった授業にはサポーターがあてがわれるため、時間割の変更もできなくなりました。そうしたことが教員の仕事量を増やす一因となっています。多くの教員はサポーターを増やすことよりも一学級当たりの人数を減らすことを求めていますが、現実はそれとは離れる一方です。

もう一つの「柱」は、「同じ学習規律で学級をしばる」というものです。どの教員がどの学級の担任になっても、子どもたちは学習規律通りの学校生活を送るというものです。どの学級でも子どもたちは決められた通りに教科書を置き、発言し、教員もみんな同じ板書の仕方をします。これを「○○小学校（中学校）スタンダード」と言います。しかしこのやり方は、ほぼ全国共通です。加えて、校内が一丸となって同一方向に進むことを「チーム○○小学校」などと言います。

なぜこうした二つの学級作りになるのかと言うと、教育委員会からそのような学級作りをするように指導がくるからです。「教育の自由の時代」を知っているベテラン教員は、子どもと教員、子どもと子どもの関わりを考えながら時間をかけて学級の約束事を作っていきますが、若手の教員や教育委員会の指導が正しいと信じている教員は、もはや「上」から言われるまでもなく、能力別にしたり、学習規律を徹底化させた横並びの学級作りを進めていきます。そのような教育委員会の指導通りの学級作りを行っている学校で「不登校」が増えてくると、今度は不登校の子どもたちを集めて「居場所作り」と言って対応しようとするのですから、もはやブラックジョークとしか言いようがありません。

これら二つの学級作りのやり方を一言で言えば、「分断と管理の学級作り」と言えるでしょう。「管理」からはみ出す子どもがいる場合は、もっと強力な「管理」で服従させます。子どもが自ら「管理」に合わせることもあります。そのどちらでもない子どもは結局「不登校」になるしかありません。

私は、こうした二つの学級作りのやり方に反対です。私の学級作りは「分断」や「管理」から入るのではなく、自由にものが言える〝環境作り〟から入りました。「自由にものが言える」ようにするために、「話し方」だとか「ハンドサイン」などは定めません。そんなふうにすると「みんなが好き勝手なことを言うのではないか」「声の大きいものや強いものの発言ばかりが目立つのではないか」と思われるかもしれませんが、実は「自由にものが言える」というルールに二つの方向性を忍び込ませておきます。

一つは、立場の弱い子どもが大切にされる学級をめざすということ。どの子どもが立場が弱いのか、差別されているのか、教員をやっていれば見抜けるはずです。そこで常に「立場の弱いものの意見を大切にする社会（学級）」ということを考えさせ、そのことを何度も話し合い、理解させていきます。数カ月経つと、子どもたちに強い立場も弱い立場もなくなっています。強気な子、おとなしい子、人見知りの子……という個性の違いはあっても立場の違いはなくなっているのです。その基盤には「人権」があると言えるでしょう。このようにさまざまな個性を持つ子どもたちが〝共生〟できる環境が整うと、「学級」という集団の中で互いに認め合う範囲がぐーんと広がっていきます。

もう一つは、だれかが以前よりも成長したらみんなでそれを認める環境にしていこうということです。人はだれでも苦手なことがあります。それを乗り越えることができた人をみんなで認めるのです。そのために教員（私）は、苦手なことができた子どもを見逃さず、そのことをみんなに紹介するのです。そうしているうちに子どもたちは、ほかの子の成長に気づくようになります。そして互いに認め合っていくようになります。その結果、子どもと教員、子ども同士の信頼関係が強まります。この「信頼」は、強制される「規律」や「礼儀」とはまったく性質の違うものです。

この二つの方向性を示していくための〝カギ〟は授業にあります。つまり「授業」と「学級作り」は密接に関わっています。その授業を「分断と管理の場」にしては学級作りがうまくいくはずがありません。「分断と管理の場」から「認め合いと自由の場」へ――。それを実現するために教員は持てる力を発揮すべきではないかと思います。

4 教育の近未来予想

ある大きなお菓子工場に見学に行きました。

そこは何もかも機械化されていて、人間はベルトコンベアで流れてくるお菓子をチェックして規格に合わないものを最後に排除するだけです。

同じ商品を大量かつ効率的に作るためのこうしたプロセスは、どんな工場も一緒でしょう。

教育の世界も今、そうなりつつあります。今後ますます〝工場化〟が進むであろう教育の近未来を予想してみます。

まず、教員が作る「自主教材」というものがなくなります。教科書では学びきれない事柄を子どもたちに理解させるために、教員自らが目と足で題材を探し出し、ああでもないこうでもないと悩みながら自分で作る教材です。楽な作業ではありませんが、自主教材作りは教育の最もおもしろいところでもありました。

そしてまもなく、紙媒体の教科書がなくなります。教科書の代わりにタブレットが渡され、その中に国（文科省）の検定を通った「教えるべき内容」が入っています。子どもたちはタブレットで授業を受けますから、黒板もノートもいらなくなります。

それでは、教員は必要でしょうか。必要ないように思えますが、これが必要なのです。流れ作業で規格に合わないお菓子を排除する人が必要なように、タブレットの学習内容についていけない子どもを見つけ、個別に教える教員として必要なのです。つまり教員はタブレットの補助機関となります。そしてタブレットから指示される〝お上〟の意向に従わない教員は、人事評価が下がります。コスト削減のために小中学校教育が民間企業に委託されるようになると、人事評価の低い教員は「生産性」の上がらない教員としてはじかれていくことになります。

これが教育の近未来予想です。ここまで読んで下さった方には、これがけっして大げさな話ではないということがわかってもらえると思います。

しかし未来は変えることができます。未来の教育を変えるために今、行動しなければなりません。学校に通う子どもを持つお父さんもお母さんも、子どもを教えている教員たちも、いや、国民のすべてが今、教育について考え、行動しなければなりません。

一人ひとりの国民が幸せに暮らせる社会の実現――その大本が教育にあるのですから。

第五章　用語略解

＊NRT　Norm Referenced Test の略。集団基準準拠検査。

＊シャトルラン　正式には「二〇メートルシャトルラン」という、有酸素運動能力を測定するための体力測定の方法のこと。二〇メートル間隔で引かれた二本の線をまたぎながら往復を繰り返し、何回線を踏めるかでスコアが決まる。「往復持久走」ともいう。一九九九年度から文科省による体力・運動能力調査に導入された。

＊フッ化物洗口　劇薬でもある高濃度のフッ化物を溶かした水でうがいをすること。フッ化物は歯質強化などの効果があるとされる一方で、かつて高濃度のフッ素が含まれた水を飲んだ子どもの歯に「斑状菌」が多発したことや、アメリカ歯科医師連盟がフッ化物洗口は6歳未満の子どもには勧められないとし、またＷＨＯがフッ化物の過剰摂取の危険性からその使用に一定の制限を加える見解を出すなど、さまざまな問題が指摘されている。

＊子宮頸がんワクチン　子宮頸がんを引き起こすヒトパピローマウイルス感染症を予防するワクチン。中学一年生になったら初回接種を受け、一～二カ月後に二回目、初回接種の六カ月に三回目を接種する。二〇一〇年に当選した三原じゅん子参議院議員と公明党が子宮頸がんワクチンの一〇代への接種を強く奨励した。しかしワクチン接種を受けた人にさまざまな健康被害が起こり、厚労省がワクチン接種の積極的勧奨を控えた。

あとがき

私はなぜ、ここまで「現代教育」を批判するのでしょうか。

三八年間の教員時代、私は〝お上〟に従わない教員と見なされ、教育委員会から干され、管理職からは監視され、担任も一時期持たせてもらえませんでした。さんざん辛い目に遭わされる中で、友人たちに助けられやっと今の自分があるというのに、性懲りもなく、またこのような〝余計なこと〟を身を削って書いています。教員を定年退職したばかりの、なんの権威も肩書もない〝普通のおっさん〟らしく、その余生を息をひそめてひっそりと暮らしていけばいいのに……と自分でも思います。

しかし、私は、「教育」が好きなのです。その「教育」を突き詰めて考えてみたかった。中でも「社会科」――特に「歴史」――の学習を通して「学びとは何か」を突き詰めてみたかったのです。さらに、ほかの教科についても、その本質を知りたかったのです。

それまでできなかったことが「できた！」と喜ぶ子どもたちの表情、「先生、遊ぼう」と集まってくる子どもたちの表情――そうした表情に接したとき、どれほど教員をやっていてよかったと思ったことでしょう。子どもたちのよだれも汗も関係ありません。「教育」は、人間と人間の信頼と、「学び」のおもしろさ、深さ、切れ味が心に響いて初めて成り立つものです。だれかが決めた通りに、あるいはだれもが同じように行う、そんな浅薄なものではありません。

ほんの一〇年ほど前まで、国語でも理科でも算数でも図工でも、教科を究めたような先生がいました。また、「学級作り」に名人芸を持った教員がたしかにいました。

しかし、そういう知性や〝技〟を持った教員は、今やまったく必要ありません。〝お上〟の決めた「朝令暮改」の薄っぺらな指示を、何の疑問も持たずこなすことばかりが要求されているのですから。そういう状況を知ってほしい――その一心で書いてきた「現代教育」に対する批判です。現役時代の自分の体験とその時の気持ちを思い出しながら、また同僚の教員たちの憤懣も代弁するつもりで書きました。

文科省や教育委員会の人たちも苦悩の中で教育政策を打ち出しているのかもしれません。しかし、教育現場の教員たちに〝お上〟の苦悩なんてわかりません。江戸時代のような身分制度で指導主事と直接話をすることすらできないのですから。私のような末端の教員だったものは虫けらのようなものでしょう。だけど、そんな教員たちが戦後教育を創ってきたことを忘れてはなりません。

四七教育基本法ができて七〇余年。その間さまざまな闘いがあり、多くの苦難を乗り越えて現場の教員たちが獲得してきたものが「教育の自由と創造」です。それが今、なくなりました。仲間たちと議論し、創ってきた「教育」そのものもガラガラと音をたてて崩れ去ろうとしています。

「子どもを国から救わなければならない」――一人でも多くの国民がそのことに気づき、本書がそのための行動を始めるきっかけとなることを願って筆を擱きます。

二〇二〇年三月

平山裕人

平山裕人（ひらやま・ひろと）

1958年、北海道小樽市生まれ。北海道教育大学卒。1981年から小学校教員となり、北海道内の小学校数校に勤務したのち2019年に〝平教員〟のまま定年退職。現在、小樽市の自宅でひっそりと私塾を経営。『シャクシャインの戦い』（寿郎社）、『アイヌ地域史資料集』『ワークブック　アイヌ・北方領土学習にチャレンジ』『アイヌ語古語辞典』『アイヌの歴史―日本の先住民族を理解するための160話』（以上、明石書店）など著書多数。

だれも「おかしい」と言《い》わない

小学校《しょうがっこう》〈超管理教育《ちょうかんりきょういく》〉の実態《じったい》

発　行　2020年4月30日 初版第1刷

著　者　平山裕人

発行者　土肥寿郎

発行所　有限会社 寿郎社
〒060-0807 札幌市北区北7条西2丁目37山京ビル
電話 011-708-8565　FAX 011-708-8566
e-mail doi@jurousha.com　URL http://www.ju-rousha.com

印刷・製本　モリモト印刷株式会社

ISBN 978-4-909281-28-9 C0037